# 别输在不会拒绝上

李劲◎著

DON'T FAIL TO SAY NO

古吴轩出版社
中国·苏州

**图书在版编目（CIP）数据**

别输在不会拒绝上 / 李劲著. — 苏州 ：古吴轩出版社，2019.3
ISBN 978-7-5546-1331-3

Ⅰ. ①别… Ⅱ. ①李… Ⅲ. ①心理交往—语言艺术—通俗读物 Ⅳ. ①C912.11-49

中国版本图书馆CIP数据核字（2019）第031136号

**责任编辑：**蒋丽华
**见习编辑：**顾　熙
**策　　划：**周自立
**装帧设计：**MM末末美书

**书　　名：别输在不会拒绝上**
**著　　者：**李　劲
**出版发行：**古吴轩出版社
地址：苏州市十梓街458号　　邮编：215006
Http：//www.guwuxuancbs.com　E-mail：gwxcbs@126.com
电话：0512-65233679　　传真：0512-65220750
**出 版 人：**钱经纬
**印　　刷：**大厂回族自治县彩虹印刷有限公司
**开　　本：**710×1000　1/16
**印　　张：**14
**版　　次：**2019年3月第1版　第1次印刷
**书　　号：**ISBN 978-7-5546-1331-3
**定　　价：**39.80元

# 前言

preface

## 你有权选择拒绝

不管自己有多忙，只要有人提出请求、邀请，你就会立刻放下手头的事情；不管这会给自己带来多少麻烦、不快和高昂的代价，你都会毫无原则地照单全收。你是这样的“大好人”吗？你有没有因为接受了太多超出自己能力范围的任务而应接不暇，感到分身乏术？这些令别人满意的付出，是不是并未让你真正感到幸福快乐？

这一个个问题摆在眼前的时候，你是不是觉得很累、很辛苦？明明已经为别人付出了一切，却始终得不到令人满意的结果，更无法赢得别人的认同。明明是对方请自己办事，他却心安理得甚至得寸进尺，这多么让人难以理解和接受！

实际上，造成这一切的原因，就是你不懂得拒绝！

或许你会说，助人为乐是件好事，为什么要拒绝呢？

拥有好人情结，自然是件好事。但是做滥好人，往往会让自己承受巨大的压力。要知道，每个人的能力都是有限的，不可能把所有的事情通通搞定。所以，在接受请求的时候，一定要做出选择，能接受的坦然接受，不能接受的断然拒绝，这才是负责任的做法，才是真正的好人之道。

当然，拒绝别人并不容易。其中有许多影响因素：或是担心得罪人，或是碍于情面，或是不好意思说“不”……无论何种原因，结果只有一个，那就是勉强应承下来，为了让别人开心而选择委屈自己。

其实这又何必？你的人生你做主，你有权选择和决定自己要做什么，你可以说“不”！这是你的权利。

如此看来，懂得拒绝确实是一种难得的能力。只有掌握这种能力的人，才知道怎样更好地拒绝，以此去创造属于自己的天地。

如果你正因为不懂拒绝而心生困扰，或是想要拒绝却不知如何更好地表达，那么你可以读读这本书。在本书中，你可以检视一下自己的心理，可以学会如何不委屈自己，也可以通过学习各种拒绝技巧，让自己逐渐变成一个懂得有效拒绝又不伤害对方的人。

掌握一些拒绝技巧，不仅可以获得更多的处世技巧和人际智慧，更能拥有独立自主的精神。只要用好拒绝的权利，就能为自己创造足够的独立空间，做自己生命的主人。读者在读完本书之后，如果能对独立人格和自主精神产生一些新的认识，并由此开始追求独立自主的精神，作者便觉得本书确有其价值所在。

目录

contents

## 第八章 拒绝是一门艺术，需要长久修炼



## 后 记

# 第一章

Chapter One

# 不会拒绝？检视一下“取悦症”心理

对很多人来说，被拒绝似乎更易接受，而拒绝别人，则是一道人生难题。这种现象背后隐藏着的，是我们希望取悦别人的心理，是我们唯恐被人拒绝的深深担忧。

## “大好人”也能说“不”

小朱辞职了，打电话向同事告别。同事很伤感，对他说：“小朱啊，我们都不舍得你走。以前你在的时候，这么热的天气，你总会帮我们买冰棍和可乐。现在你走了，净留下一些懒人，可苦了我们。”听了同事这话，小朱特别郁闷。为什么？因为他突然明白了自己被迫辞职的真正原因。

刚进公司的时候，为了搞好同事关系，小朱表现得很积极，做事勤勤恳恳。每天上班他都早早地来到公司，收拾台面，清扫办公室，还时不时帮同事们带早餐。每逢休息日值班，只要有人开口求助，他都愿意帮忙，为此他变成了值班专业户。小朱成了大家公认的“大好人”。后来，小朱的任务渐渐增多，接着他感到有些力不从心，觉得自己做得够多了，想拒绝一些跑腿的任务，可是没想到，马上别人的埋怨就来了：“摆什么架子嘛！快去快去，我们等着用呢！”碍于情面，小朱只好继续替别人跑腿。

这样的事情多了，难免出乱子。有一次主管差他去车站接亲戚，他实在无法拒绝，只好领命，谁料刚出公司大门就被经理碰上。经理问：“你这是去哪儿啊？”小朱不敢说实话，便答：“出去招工。”后来经理知道了事情的真相，把小朱狠狠地训了一顿，说他缺乏最起码的诚信。小朱见自己的形象已毁，在公司待着也无趣，只好递交了辞职信。

想想这番经历，如此黯然离场，也难怪小朱会郁闷。刚进公司时他若没有依着那些懒人，没有做老好人，就不会有那么多烦人的事，或许就不会落得如此下场。事实上，生活中很多人都会有与小朱类似的经历和烦恼：做大好人做到过劳，变成用人、庸人；想拒绝做大好人吧，又怕遭人埋怨，或担心自己被误会为不合群。这种心理很矛盾，使很多人无所适从。

这其实就是一种好人情结在作怪。何谓好人情结？简而言之，就是认为只有通过做大好人，才能得到他人的认可，获得友谊。这是一种很复杂的心理现象，但非常常见，几乎每个人都有过这样矛盾的心理感受。

做好人当然是很好的，但如果走向极端，就会产生问题。这种极端的思维是怎么来的？了解好人情结的形成过程，你就会明白其中的奥妙。

众所周知，听话、顺从的人往往容易被贴上“好”的标签。从小时候开始，父母、老师和其他长辈就不断地告诉我们，要做一个好孩子、好人。多年的经历和教训，似乎也在告诉我们，只有好人才会受到人们的肯定、欢迎，被人接纳。

我们的思维逻辑就这样逐渐形成：好与听话、顺从联结在一起，好与肯定、认可也联结在一起。于是听话、顺从与肯定、认可联结在了一起。这还是正常的思维发展。但是随后我们开始变得极端起来。因为进入社会，我们需要他人的肯定和认可，所以我们难免会想到听话和顺从。这就是你不懂拒绝、不敢拒绝、不善拒绝的原因所在。

我们逐渐放弃拒绝，而选择接受和顺从，并由衷地为自己能够成为这样的“好人”而倍感欣慰。别人夸我们一句“哎呀，你真是个好人”，可能就会让我们头脑发热，失去理智，稀里糊涂就答应了对方的请托和要求。等到反应过来，我们又后悔莫及，埋怨自己糊涂。

为了消除内心的挫折感，我们便会自我安慰：“我是大好人，怎么可以有怨言呢？助人为快乐之本，能够帮人家的忙，我应该高兴才是。”这样的自我肯定，多少有点儿自欺欺人的味道，但不可否认，它真的很有效。一时之间，我们被自己说服了，内心的好人情结得以强化。

虽然做好人很累、很苦，生活和工作压力会很大，但我们的心里有时可能还会觉得挺高兴，乐在其中，回味无穷，并进行积极的自我赞赏。这些自我赞赏和肯定，会不断强化我们心中的好人情结。经过一次次的自我强化，我们“进阶”了，从好人变成老好人，服从、接受成了我们一贯的原则，从此再也不会拒绝他人。

习惯的思维模式和行动模式一旦形成，老好人便总是把别人的需求放在第一位，始终在争取周围每个人的认可，努力想让每个人都高兴。他从来不会对别人说“不”，可谓有求必应，急人之所急。即便自己的事情忙不过来，他也会答应他人的请求，帮助他人做事。他总是希望满足每个人的需求，让对方满意。

老好人往往助人为乐，任劳任怨，具有良好的服务意识和牺牲精神。他们的确会被人们称赞，然而他们的生活似乎并不好过，因为不懂拒绝、不会拒绝，他们时常陷入忙碌的事务中，焦虑地活着：既为自己的事情担心，又为别人的事情操心，这样怎能不焦虑呢？

但是我们都知道，人力有时而穷，无论是个人能力，还是个人精力，都不是无限的。面对无数的求助、请托和要求，老好人也会有吃力的时候，那老好人会怎么样？身心痛苦之余，他会想要拒绝，但他的思维和行为习惯里就没有“拒绝”这个词，因为他总觉得要是拒绝帮助别人的话，那么自己辛辛苦苦建立起来的好人形象，可能会就此被破坏掉。这种认知普遍存在于老好人的身上，拒绝他人成了破坏自我美好形象的举动，有这样的认知，又怎么可能去拒绝呢？

于是，面对种种请托和要求，来者不拒，照单全收，最终累得半死。

不可否认，这样做可以获得别人的好感，并且可以避免跟别人发生冲突，但是付出的代价太大了。由于老好人不懂拒绝，所以别人可能会利用老好人的好心好意，甚至欺骗他。为了始终保持好人形象，老好人不愿表现出愤怒和不悦，不管这样的情感表露多么正当。长期压抑自己的不良情绪，老好人容易心理不平衡，变得扭曲和怪异。

老好人的形象通常都有扁平化特点，给人平庸的感觉，让人觉得这样的人缺乏深度。老好人确实不会让人讨厌，但性格没有清晰的棱角或轮廓，很少给人留下深刻印象。著名作家简·奥斯汀的描述准确地刻画了人们对老好人的印象：“她不过是个好脾气、热心肠的年轻女人，我们很难讨厌她，因为我们根本没把她放在眼里。”老好人因为缺乏个性，常被人们忽略，甚至成为无关紧要的人。基于这样的认识，老好人常被当作庸人和用人，那就一点儿都不奇怪了。

看一看，你的好人情结严重吗？如果特别严重的话，就要注意锻炼自己的拒绝能力。按照著名心理学家荣格的理论，情结属于无意识范畴，这就意味着我们要改变情结的负面影响会有很大的难度。你做好准备了吗？

## 一味讨好的代价，是失去自己的尊严

38岁的苏女士是个好人，作为家中的独女，她要照顾年迈的父母。她在当地的一所学校教五年级，她自己的孩子也在那里就读。她还是学校的骨干教师，备受上级好评。尽管工作忙碌，平时回到家，她依然自己下厨，每天都为丈夫和孩子们准备丰盛的晚餐，有时还会为丈夫的客户做饭。她还加入了某个慈善组织，并且负责大部分的工作。

苏女士看起来活力四射，精力似乎也很充沛，然而令人没有想到的是，她竟然走进了心理诊所。怎么回事呢？她告诉心理医生，她都不记得自己最后一次对别人说“不”是何时了。她说她现在的压力很大，可能无法再这么劳碌，要放下一部分工作。可是她的内心又充满忧虑，她担心失去自己辛辛苦苦建立起来的生活。

从小时候开始，苏女士就为自己的体重而头疼，现在她更加着急了，对心理医生说：“按照健康体重的标准，我足足超重30斤，好不容易减掉了又会反弹，反反复复，都不知道多少次了。”她如此在意自己的体重，是因为担心被别人笑话和嫌弃。

她说：“小时候其他孩子都取笑我，管我叫‘矮冬瓜’、‘肥妞儿’。他们嫌弃我，不愿跟我玩，我特别希望能够加入他们。爸爸妈妈告诉我，只要你对其他人好，其他人自然就会接受你，跟你玩。于是我对别人格外好，尽可能让别人满意，这样做真的很有效。如果我放弃这样做，不能让别人满意，他们肯定会因为我的样子而嫌弃我。”

长大了之后，苏女士始终没有改变这样的认识，她一直很努力地对别人好，希望能让别人满意：“我乐意为别人做事，只希望他们不会因为嫌弃我的样子而疏远我。即便明知道对方在利用我，我也不会拒绝。我认为能被别人利用，其实就证明了我的价值。”

很明显，苏女士同样陷入了不懂拒绝的境况，我们姑且称之为不能拒绝症。为了能够获得他人的肯定，小的时候，她就拼命讨好他人。长大了，尽管她的能力不凡，积极做事，很有活力，似乎没有什么问题，但她依然没有走出幼时的困境，因为她做事的动力依旧是讨好他人，以获得他人的肯定。她是通过这种方式，来建立自己的自尊和自信的。

讲到这里，想必你会感觉有些问题，同时也会发现自己似乎也有这方面的困扰。是的，你的感觉没有错。问题就在于通过讨好人、取悦人的方式，建立自己的信心和尊严。因为自己的缺陷而自卑，便期待通过讨好他人来重拾信心和勇气。这是绝大多数人的做法。但是在此提醒，这是一个愚蠢的办法，表面上有效果，而实际上会让你的心理状态变得更加糟糕。

通常我们每个人都会有点儿自卑情绪，这种自卑来源于多个方面。其中最为普遍的来源，就是自身的一些缺陷。缺陷包括生理上的缺陷和心理上的缺陷。因为各种各样的缺陷，我们感到不光彩，因此难免有几分担忧和自卑情绪。

这个时候，不少人便会像苏女士一样，担心别人会因自己的缺陷而嫌弃自己，然后基于好人情结的认知模式，便会觉得自己要讨好别人，让别人满意，这样才能获得认可。用心理学的话说，就是把有关自我的消极情感投射到别人身上。他们还可能用讨好进行防御，以补偿自己所认为的外表或性格上存在的严重缺陷。

其实真正的缺陷不在于外表或性格，而在于采取的应对策略。为了避免他人因缺陷而嫌弃自己，便放弃拒绝，努力做事去迎合对方、讨好对方。表面上这样做能改善人际状况，但实际上自己的自尊也在不断地被侵蚀。

想象一下，一个没有拒绝能力的人，在不断的接受和服从当中，逐渐地丢弃自尊，为别人的需求而活，这样真的好吗？所以企图通过取悦于人、讨好他人，获得他人的尊重和认可，是不靠谱的。你认为自尊可以通过乞讨获得吗？显然这是不可能的。

即使对方真的认可你讨好他的做法，你的自尊仍会受到削弱，因为你会把他的认可归功于你为他做的那些事，而不是你作为一个人的价值。你会想：他之所以喜欢我，仅仅是因为我对他好，为他做了很多事。有这样的想法，你的自尊如何建立呢？

更何况，如果在你讨好人的时候，别人还嫌弃你，不认可你，那么你的错误观念就会得到印证，使你更加坚定地认为你根本就不配得到别人的认可。这无疑是在自己的伤口上撒盐，你的伤口会变得更深。

生活中还有不少的人，面对他人的冷遇和亏待，总希望通过为对方做一些事情，以讨好对方，从而赢得对方的重视。殊不知，这种讨好行为很可能会使对方希望你为他做更多的事情。

这种情况最常见于情人闹别扭之时。当我们为了让情人回心转意而刻意做一些讨好的行为时，等来的往往不是对方的回心转意，而是得寸进尺，他会让你做更多事情来讨好他，或者直接一去不复返，让你陷入深深的后悔中。相反，当你能够坚定地拒绝情人的无理取闹，不刻意讨好时，却可能会让他对你另眼相看，慎重地对待你。这大概是情人相处中的“特异心理学”。

其实这种奇怪心理在普通的交往中同样会有：当你对他好时，他可能懒得理你；当你对他不理不睬，他则可能会心生不甘，反而对你产生一丝兴趣。当你拼命做事讨好他时，他可能会觉得你这个人真是傻，好指使，没头脑；可你要是埋头做自己的事情，而不去讨好他，甚至拒绝他，他反而会觉得你与众不同，做人有原则、有胆气，因而对你表示尊重。

所以不要期待通过讨好人来获得他人的尊重和认可，更不要将自尊建立在他人的认可之上。你要认识到，你最需要得到的认可，源于自己，而不是别人。别人的认可无法让你拥有尊严，只有你认可自己，你才会有尊严。当你着手处理让你感到羞耻和惭愧的问题，并把你作为人的本质价值跟你的缺陷区分开来时，你的自尊伤口就会开始愈合。

一个人能够获得尊重，是由于他所具有的独立精神人格和自主能力。尊严和信心的建立，同样基于独立自主的意识和能力，任何依靠讨好人获得他人的认可所建立起来的自尊感，都是虚幻不实的，随时都会被他人的否定击溃。

## 对习惯性付出说“再见”

许多哲学大师告诉我们，要学会接受，学会付出，但是接受太多，付出太多，并不一定是好事，尤其是当接受和付出成为习惯时，你可能会失去人生的自主权。如果你不想被别人当作用人而无视，就不要让接受和付出成为习惯，有些时候要学会拒绝，这样对方才会明白美好生活来之不易。

习惯这个东西，就和时间一样，具有改变一个人的强大力量。生活中很多事情都是这样，你习惯这么做，然后别人就会习惯这么做的你，当彼此习惯了，也就不觉得有何特别了，那么你原本为了获得别人的认可而做出的突出表现，最终也会被习惯变成“应该”。这个时候，你难免就会感到委屈。

我们可以接受生活中的磨难和痛苦，接受各种不顺，但是我们不能总是一副接受的样子。那样的话，我们身上的负面能量就会变得越来越多。过多的负面能量会让我们匍匐于人生路，压抑我们的自主灵魂，使得我们失去昂扬的精神和斗志。所以在接受和付出即将成为习惯时，要懂得及时喊停，懂得说“不”。我们不能把人生全部交给“接受”，交给“付出”，而应将其中一部分交给“拒绝”，交给“收获”。这才是完整的人生，也只有如此，我们的自主意识才会成长。

苏拉是个家庭主妇，挣钱养家全靠丈夫努力工作，所以她相信自己有责任从丈夫进门那一刻起，就照顾好他，直到他上床睡觉。同时，她认为家里面的琐事应该由自己负责，不让丈夫操心。家里除了丈夫，还有4个孩子。因为苏拉小时候家境比较困难，父母分别上白班和夜班，所以她那时的内心充满孤寂，很希望能够得到父母的陪伴。现在她成了母亲，则对自己的孩子特别好。为了让孩子们可以自由成长，取得好成绩，过得开心，她包揽了所有的家务活，不许孩子们帮忙。

但是苏拉对丈夫和孩子的百依百顺，却没有给她带来好心情。多年来她努力满足家中每个人的需求，从来没有要求过家人的帮助或支持，这本让她很自豪，但是后来发生的事情，让她倍感沮丧。

她患病住院治疗。医生嘱咐她，回家之后要卧床休养两个月，不宜劳作。苏拉回到家，却遭遇了令她伤心的一幕：丈夫和孩子没有亲切地问候，也没有高兴地祝福，相反，他们对苏拉生病所带来的麻烦深感恼怒和怨恨！

原本苏拉为自己生病而拖累了家人，心中还充满内疚，但是看到家人的不满，她心中的内疚顿时化为了怒火：自己过去辛辛苦苦地付出，难道换来的就是这样的结果吗？为了应付眼前的困难，苏拉将母亲从老家请来，以帮助自己照顾家人。等她恢复健康后，她便把家人叫到一起，充满遗憾地说："下面我说的话，可能会让你们感到不舒服，但是我还是要说出来。儿子，女儿，你们调皮捣蛋没关系，但你们不能太自私；老公，你被惯坏了而不懂得感恩，这完全是我的过错。但是从今天起，我们家的一切将变得不同。"

孩子们和丈夫听她说这些话，都惊呆了。苏拉说："从现在开始，我不会再对你们有求必应了，直到你们每个人都能承担起照顾彼此的责任。你们知道吗？如果不是我病得这么厉害，我几乎无法看清自己的错误。以前我以为我把家人照顾得这么周到，我就是一个好妻子、好妈妈了。在我生病之前，我一直让你们觉得，我不需要你们的任何帮助。我使得你们忽视我，纵容你们只考虑自己。”

她转过头来，对几个孩子说：“孩子们，我本打算自己操持好家务，好让你们把精力集中在学习和自己的兴趣上。我想让你们发挥出最大的潜力，不管是儿子还是女儿。我总是告诉你们要争取成功，要为了理想而努力。但是，我没有想到，我却给你们树立了坏榜样。我想，如果我不尊重自己，你们也就不可能学会尊重我或者尊重你们自己。

“当我妈妈来照顾我时，她帮我做了一次严肃的态度调整。她希望我不要再惯着你们。她提醒我说，在我小的时候，尽管我们家经济相当困难，我们却彼此关爱和照顾。确实如此，尽管小时候我的内心感到孤寂，但是我和家人永远不会忘记彼此关爱。现在我觉得自己培养出的却是一帮不懂感激和关爱的讨厌家伙，因此我决定改变这一切。”

苏拉的开诚布公，让家人倍感羞愧，孩子们纷纷投入她的怀抱，希望得到她的原谅。特别是她的丈夫，觉得很抱歉。他们开始改变了，但是毕竟已经形成了接受服务的习惯，所以改变的过程非常缓慢。苏拉偶尔会罢罢工，让他们做一做事，以提醒他们各自的责任。苏拉的改变，促使她的家人实现了自我改善，所以他们变得更尊重苏拉，也更加感激苏拉。

从某种意义上说，苏拉生病是幸运的。因为生病，苏拉才看到自己的百依百顺和无条件的付出所带来的不良后果。有鉴于此，不要让他人将你的付出当作理所应当，不要总是把别人摆在第一位而忘了自己的需求，不要否定自我的权利。苏拉的故事很生动地说明了，当付出成为习惯之后，对自己和他人造成的负面影响。

生活中有很多像苏拉这样的人，他们勤劳能干，无怨无悔地付出，而不计较自己的得失，这种品质自然是极好的。这种无怨无悔的付出行为，也得到了社会的推崇和文化的强化，但是在人们的意识和行动过程中，难免会走样，可能变得极端起来。就比如说苏拉，周围的人通常会认可她无怨无悔的付出，并努力地赞美她的能干。而得到肯定的她则会更加努力地付出，变得更加喜欢履行她给自己规定的职责，直至她意识到了她在付出怎样的代价。

当一个人的自我需求不断被压抑时，他的心理健康就会受到威胁，可能会出现严重的问题。如果你也像苏拉一样，希望你能够觉醒并积极地寻求改变。这不仅是对你自己负责，也是对周围的人负责。

## 用苦劳换功劳，这是一个伪命题

为了证明自己的价值，获得更多的收益，很多人都有拼命工作的倾向。然而事实上，做得多不等于价值大。做得多有时还可能会坏事，对人对己都没有好处。特别是对我们自己而言，做得太多，所承受的压力也非常大。不可否认，一定的压力对我们的成长会有好处，可以让我们更加坚韧，但是压力过大则会对我们的身心健康不利。

荣小姐在某公关公司担任特殊项目经理的职务。她的职责是为客户策划和协调所有特殊的活动。荣小姐对老板非常忠心，工作更是勤奋。老板在10年前雇用了27岁的荣小姐。那个时候她很不幸，她的爱人出了车祸，刚刚过世没几个月，她生活得很抑郁，几乎无法找到工作。

“在我最难过和最痛苦的时候，我的老板给了我一个重新站起来的机会，这份工作让我找到了活着的价值和意义。”因此荣小姐非常感激老板。感恩的心使得荣小姐对工作极度负责，变成了工作狂人。无论什么工作，只要是她认为重要的，她就会尽力去做。这当然是极好的，至少她的老板是非常赞赏她的。然而她手下的两个助理却对她很不满。原来荣小姐工作太负责了，对各项工作的掌控简直到了令人厌烦的地步。特别让人郁闷的是，她从来不肯将那些重要的工作交给别人去做，只把一些最单调或最琐碎的杂活儿，比如装请柬、粘信封、寄快递等，交给助理去做。

助理希望自己能够得到重视，做一些比较重要的工作，荣小姐却不同意：“要是你们把事情搞砸了，谁负责呢？现在这样，不是很好吗？如果出了什么差错，我也不会怪你们。”荣小姐的话，让两个助理非常郁闷，他们觉得这样虽然很轻松，但是自己的职业发展受到了严重的影响。荣小姐很不理解：“他们真傻，有好日子还不想过，非要给自己的工作加码。他们根本就不知道，那些工作带来的压力有多大，有的时候简直会把人逼疯。我不把这些工作交给他们做，也是为了他们好。”荣小姐的好心让助理很无奈，他们说：“她把这些会把人逼疯的工作压在自己的身上，岂不是更傻？”助理没能说服固执的荣小姐，便找老板提意见，希望得到一些更重要的工作，而不是总是干杂活儿，因为那样会让他们觉得自己的存在毫无意义。他们希望得到学习和锻炼的机会，而不是成为表面风光的杂役。

荣小姐的“勤劳”，让他人诟病的同时，也给自己的身心健康带来不良影响。每当有特殊项目时，荣小姐都会把自己扔进“高压锅”里。在这期间，荣小姐几乎没日没夜地工作，再三地检查每一个细节。在压力之下，荣小姐性情大变，成了“火药库”。一旦工作出了差错，她便会尖叫，咒骂，厉声地批评下属。尽管她说过，如果出了差错，她只会怪自己，但是事实上好几次她当场大骂他人的不是。结果她让同事们感到难受，自己也弄得疲惫不堪。等到工作完成之后，她又会为自己的恶劣行为感到懊悔，接着买鲜花或其他礼物，送给同事和助理以示歉意，请求得到他们的谅解和宽恕，并承诺自己下次一定会保持冷静。但是历史不断重演。

老板从来没有处罚过荣小姐，反而会替她向员工道歉，同时也会提醒大家：“荣小姐是一个可以信赖的项目负责人，没有人能像荣小姐一样尽职尽责，她一定能够带领大家取得成功。”事实上也是如此，荣小姐负责的活动一般都非常成功，赢得了客户以及媒体的赞扬。然而后来因为某事，公司不得不让荣小姐休假。在荣小姐休假期间，公司老板发现，荣小姐并不是不可或缺的。不久之后，因为出了差错，荣小姐被解聘了。这时，荣小姐很是伤心，她不理解："自己辛辛苦苦做了这么多，为什么还会被扫地出门？"

荣小姐的经历，你理解了吗？反思一下，我们身上或许有荣小姐的影子。因为我们心里往往都会有这样的想法：做更多的事情，以证明自己存在的价值。荣小姐最初的动机可能并非如此，她开始时或许只是出于感恩心理，但是后来她的心态已经发生了改变，她需要价值实现来提升自我存在感。

每个人都有存在感需求，而人们在满足自我存在感时，都会不约而同地选择价值实现的办法。只要能证明自己的价值，就说明我们的存在是非常有意义的。每个人都担心自己成为无用的人，当自己无用时，我们的内心必定充满沮丧。几乎无人会为自己的无用而欣喜，因为我们会认为无用就代表自己没有存在的价值。

在荣小姐因丈夫去世而倍感绝望的时候，她是最缺乏存在感的。她希望用工作来改变这种僵局，以证明自己存在的价值。然而心情低落、沮丧的她，却不被接受。在倍感无助之时，老板聘用了她，给了她一个证明自己的机会，于是她的内心充满了感激。

感恩心理和意欲证明自己价值的心理，让荣小姐积极投入工作中，从而取得了极佳的业绩，因此也成了公司的经理。但是与此同时，她变成了一个工作狂人，养成了独揽全局、事必躬亲的习惯。她的内心形成了某种思维定式：只有通过独揽全局、亲力亲为的工作方式，我的存在才有价值，我才是一个合格的项目负责人。

在实际工作当中，我们也经常会有这样的错误认知，认为只有不断地忙碌，尽可能做得多，才能证明自己的价值。“做得多，就等于价值大”，我们的头脑中或许没有如此清晰的想法，但是我们的行为总是不自觉地体现着这种思想。当我们做了很多，却不被他人认可的时候，我们会不甘心地说：“做了这么多，勤勤恳恳，就算没有功劳，也有苦劳吧！”

不夸功而历数自己的苦劳，这实际上就是“做得多等于价值大”的思想的体现。然而，一个人的价值不能靠做得多来证明。以为做得多，自己的价值就大，这种人同样也会陷入不能拒绝的心理陷阱中。只不过他们的不能拒绝，可能他们自己并没有意识到，就像荣小姐那样，陷入无穷无尽的压力中，结果不仅使得自己身心疲惫、情绪失衡，还让他人感到不满。所以我们要改变“做得多等于价值大”的错误认知，修正我们内心的苦劳情结。在追求自我存在感和证明自我价值的时候，应拒绝过度的苦劳和压力，以免破坏良好的情绪，损害自己的身心健康。

## 适当抗拒，不做软弱的小绵羊

夏女士是一个非常好的人，好到所有的人都赞美她的温良品德。但她找到了心理咨询师，讲起自己的困惑：她觉得自己在强者面前如此的渺小，所以她总是逆来顺受，缺乏自主能力，不敢拒绝别人的要求。

夏女士说：“我对周围的男士有些害怕，对上司很害怕，对强壮的人也很害怕。我怕惹怒他们，因为他们真的很强大，很有力量。小时候我的爸爸就很有力量，但是他的脾气很暴躁，他喝醉时，就会大发脾气。”

她很崇拜父亲的力量，同时又很怕父亲。妈妈吩咐她千万别跟爸爸顶嘴，别跟爸爸对着干，妈妈告诉她要顺从父亲的意愿，免得被伤害：“他说什么你就做什么，你要笑着答应他。当他说了些恶毒的话时，你会很难受。但是你要记住，你爸爸其实是爱你的，他说那些胡话完全是受酒精的影响。”

于是很小的时候，夏女士就学会了讨好让她感到敬佩和恐惧的父亲。在她的印象中，似乎男人总是充满力量，很容易暴躁；他们一旦狂怒，所爆发的破坏力量，让她感到恐惧。强烈的恐惧，让她逃避冲突，屈服于强大的力量。每当面对她认为强大的人时，她就很容易答应对方的要求。在她快满18岁的时候，她的爸爸去世了，但她奇怪而又矛盾的心理并没有消除，而是一直跟着她。

夏女士很爱她的丈夫，但她一直都很担心会惹怒他，她说：“我害怕我丈夫发火，但是很奇怪，我从来没见过他发火！他从来不生气，我们也从来不吵架。不管他说什么，我一概赞同；不管他想要什么，我一概同意。我想，那就是我跟他一直保持和睦关系的原因。”

经过了十几年的婚姻生活，夏女士已经很清楚丈夫并没有坏脾气。但是即使如此，夏女士心中的恐惧感依旧无法放下：“既然他到现在都没有发过脾气，那很可能以后也不会，但是我似乎仍然无法消除自己的恐惧。如果他做了什么让我心烦或不满的事情，我从来不会跟他说。我只是告诉自己，无论什么事都不值得争吵。”

夏女士接受了心理治疗，并鼓起勇气把自己的想法告诉了丈夫。丈夫叹气说：“你知道吗？这么多年来，我时常感到孤独，虽然我发表任何看法，你都赞同，从来没有二话，但我在感到高兴的同时，心里还有些孤独。我觉得我们缺乏沟通，而你并不是真正理解我的看法，只是因为我是你的丈夫，你才无条件支持我。我知道你竭尽全力地想当一个贤惠的妻子，为了让我高兴，你什么都愿意做。但是，亲爱的，你从来不让我看到真实的你，从来不告诉我你真正的感受是什么。你把那一切都删去了，因为你害怕我会发火。我又何尝不是如此呢！我也很担心将心中的不快坦白会让你无法接受，最终破坏彼此之间的感情。”

多么和睦的一对夫妻！可他们同样会有问题。如此和睦的夫妻俩竟然也会有心理障碍，彼此之间不敢进行沟通，这让很多人感到奇怪。然而越是奇怪，就越让我们关注，这或许能够帮助我们了解自己，找出不能拒绝的真正原因。案例中的夏女士就是一个不懂拒绝的人，导致她不能拒绝他人的心理因素是比较复杂的，其中包括崇拜心理、恐惧心理、逃避心理等，这些复杂的心理状况与她的童年遭遇有关。她的体贴和温顺的行为，其实大部分都是基于这种复杂的负面心理状况。

夏女士很幸运，她嫁了一个好丈夫，幸好她的丈夫是一个明事理的人，没有因她的百依百顺而提出更多的要求，也没有像她父亲对待她母亲那样对待她。她在生活中也没有遇到心肠不好的人，否则的话，无论她如何屈服和顺从，恐怕都难免会受到伤害，因为她的内心不够强大，缺乏拒绝能力。内心软弱的人，会陷入恶性循环的怪圈：因为内心软弱，所以不敢拒绝，不敢反抗；因为不敢拒绝和反抗，所以变得逆来顺受，不断让步；因为逆来顺受和不断让步，导致内心越来越软弱。下面的例子很能说明问题。

为了让孩子受到良好的教育，史密斯请了家庭教师。然而在过去的两个月里，家庭教师尤丽娅竟然没有要求他发薪水，不知道为什么，他感觉非常不好。这一天，他主动将家庭教师请来，对局促不安的她说："尤丽娅，让我们算算工钱吧。这是你应得的。你也许要用钱，但你太拘泥于礼节，自己是不肯开口的。你已经工作了两个月，上个月的薪水，我还没有发给你。我和你讲妥，每月30卢布……"

"40卢布……"尤丽娅轻声说道。史密斯摇摇头，打断尤丽娅的话：“不，是30卢布，我这里有记录，我一向按这个价钱付教师工资的，你待了整整两个月……”

尤丽娅轻声辩解：“两个月再加5天……”史密斯再次打断她的话：“就是两个月，我这里是这样记的。这就是说，应付你60卢布。但星期日你不给孩子上课，只不过是带着他玩，另外还有3天节日……”

尤丽娅涨红了脸，抓紧衣襟，但一语不发。史密斯继续计算：“节日加上星期日，一共12天，应扣12卢布。孩子生病，有4天没学习，你牙痛3天，夫人准你午饭后休息，扣除这些，还剩41卢布。对吧？”尤丽娅眼睛都发红了，并且轻声咳嗽了起来，但仍然一语不发。

史密斯见她没有异议，便再次埋头计算：“你打碎一个带底碟的配套茶杯，扣除2卢布。由于你的疏忽，孩子爬树时撕破礼服，扣除10卢布。女仆盗走一双皮鞋，也是由于你玩忽职守，再扣除5卢布。9号那天，你支取了9卢布……”

尤丽娅嗫嚅道：“我没支取过！”史密斯指了指账本，说道：“可我这里有记录！41减27，净得14。”尤丽娅的泪水充溢双眼，她用颤抖的声音说：“我只从夫人那里支取了3卢布，除此之外，就再没支取过……"

史密斯看了看账本，惊讶道："是吗？这么说，我这里漏记了！14卢布再扣除3卢布，嗯，11卢布。这是你的薪水，收好了！"尤丽娅接过钱，喃喃地说："谢谢。"

这个时候，史密斯猛然站起，开始快步来回走起来，他急促地问："为什么道谢？我洗劫了你，实际上我偷了你的钱！你不应该愤怒吗？"

尤丽娅说："在别处，根本一文不给。"史密斯叹气说："难怪啦！刚才我是和你开玩笑，嗯，这里是80卢布，事先已给你装在信封里了！我只是不知道，你为什么不抗议？为什么沉默不语？为什么这样软弱？"

# 第二章

Chapter Two

## 高情商式拒绝，从不委屈自己开始

社交对于有些人来说如鱼得水，而有些人却并不在行，为了避免被人冷落，而不敢拒绝别人的请求。这样做的后果，就是不断地委屈自己，让自己难受。高情商式拒绝，可以帮助我们摆脱这种窘境。

## 违心答应请求，只好独自扛起痛苦

周围的人对刘女士的印象都很好，说她热情大方，有人情味儿。因为她见到每一个人都笑容满面，从来不会让人心烦。而且，每一次与人交谈之后，她总不忘在结尾加上一句“有空来我家里玩”或“到我家去坐坐吧”。

这样的话很熟悉吧，在生活中，我们每个人都常常听到这样的话，同时我们自己有时也会这样说。我们都知道，这样的话多半是客套话，自然是有水分的，但我们都爱听，也都喜欢这么说。

刘女士也是这样，她习惯了用这样的话来表达自己的热情，大家听着感觉也很舒服，但没有人会没事真的跑到她家去玩。彼此都要客气，于是便只是虚应道：“好，一定去，一定去。”

当然没人当真，刘女士也不会当真。只是下次她就能更好地表达热情，甚至能理直气壮地埋怨：“你看看，说来我家玩的，我在家就盼着你来，可你总也不来。”

大家就笑：“这不是没空吗？有时间一定去。”

“那就说定了，下次一定要来哟。”

这样话来话去，彼此心情都很愉悦，十分和谐。然而，偶尔也会遇到意外，有的人会把客气话当真。

刘女士也没想到，有一天她就为这样的事情为难了：有个朋友打电话给她，说暑假打算带着孩子和狗到她家里住三个星期。

一向热情的刘女士，当时有些发蒙。但顺着对方的话，她根本没好意思拒绝，竟然答应了对方的要求。放下电话，刘女士就头疼了。

这算什么事呢？好好的，怎么惹来这样一桩麻烦？得，自认倒霉。她只能盼着朋友的到来不会给自己的生活造成困扰。只是，这可能吗？

果然，事情没有想象中那么顺心，朋友的到来打破了她家宁静的生活。朋友的孩子特别闹腾，他喜欢站在沙发上蹦蹦跳跳。更糟的是，他这样做的时候，从来不脱鞋子！每天，这个小家伙都会在她家的几个房间窜来窜去，就像一只不安分的小老鼠。可是她还不能批评他，她要是批评他，朋友的脸色就会变得难看起来。

更让她无奈的是，自己的女儿特别讨厌那个小男孩，他们之间已经爆发了好几次争斗，或是为了玩具，或是为了美食，或是为了电视，总之他们根本无法和谐相处。女儿甚至被这个外来的小家伙欺负得落了泪。

是可忍，孰不可忍。刘女士终于受不了了。她向朋友表明了不欢迎的态度，并说出希望他们搬走的话："平时我们喜欢陪伴朋友，但并不表示我们愿意成天和朋友生活在一起。我很高兴见到你们，也希望你们能够在这里过得高兴。但是我现在感到很不高兴，因为我们的孩子之间有矛盾，我的女儿现在很不开心。坦率地讲，我很愿意招待你们几天，但是三个星期实在太久。所以我希望你们能够离开这里，非常抱歉。"

说话的时候，刘女士有些尴尬，但话说出口之后，她心里感到一阵轻松。看到朋友离去，刘女士心中并非没有歉意。当初她说"常来家里玩"，有真心的成分在里面。只是她没有想到，对方当真来了，还要住这么长的时间，她却无法接受了。尝到违心之痛苦的刘女士，依然很热情地说话，不过她不会再勉强自己，不会违心地答应他人，她懂得了坦诚地拒绝。

生活中我们也会遭遇这样的事情，亲戚朋友借宿，我们心中本不愿意，却不好意思拒绝，于是违心答应。结果便如刘女士那样，心里好似长了疙瘩，很不舒服。有的人或许会觉得，这是心眼小的缘故，她要真大方，也就不会这么纠结。这话听起来似乎很有道理，然而细细一想，就有问题了：难道说，心眼小点就该遭受这样的折磨吗？更何况深入地讲，这已不是心眼小不小的问题，即便是大度之人，也未必没有违心之苦，真正的问题在于违心许人。

违背自己的心意，是使我们难受的根本原因。可以这么说，没有人能够在违心之事面前安之若素，即便表面平静，一副大度的样子，内心也难免有些波澜。任何一个人违心做某件事，内心都会受到煎熬，而且这种感受肯定不会太好。但是在生活中的我们，偏偏常会遇到这样的事，明知道某件事违背自己的心，却囿于种种原因，不能予以拒绝，总是无可奈何地接受，然后让自己备受折磨，进而陷入各种负面情绪和沉重的压力中。

这又何必呢？其实只要说一声“不”，一切烦恼便会迎刃而解。你也许会反驳：“这未免太想当然了，说‘不’当然容易，可你知道拒绝带来的后果吗？”是的，一些问题的出现是因为人们会考虑后果——那些尚未发生，便被我们推测出来将会发生的事情。

我们担心拒绝之后会让他人对我们失去信心，甚至因此否定我们。这其实是可以解决的问题，只要我们足够坦诚。

可是很多时候我们做不到坦诚，因为我们的心中有太多的顾虑。我们担心，即便自己坦诚，对方也无法理解我们。而事实确如我们所担心，即便我们坦诚地告诉对方自己无法答应的原因，最终拒绝了对方的要求，也不代表对方会认可我们的拒绝。多数时候，对方只是在表面上接受我们的坦诚和拒绝，但其内心是不舒服的、失望的。有些人面对我们的拒绝，甚至会直接表示不满。

面对过分的要求，我们要调整自己的心态，采取恰当的措施去应对，以减少对方的不满，而不是总想着讨好对方，让对方舒服，反过来委屈自己。

## 勉强应承，不如坦然拒绝

俗话说“凡事不能太强求”，但如今，这话却不太被人认同了。有不少人认为这句话包含了消极的意味。然而当我们真正遇到了被勉强的事情时，每个人的脑海中大概又都会浮现出这句话来。因为大家都不愿意勉强做事情。心甘情愿，是每个人的追求。人们愿意做自己感兴趣的事情，而违逆本心，勉强行事，则会有说不出来的难受。

有些研究者认为，人们在违背自身意愿的情况下做事情，会使本身的机体组织受到损害。就连微笑这种能让我们更加健康的行为，如果在勉强的情况下去做，也会对身体健康产生不利的影响。

德国法兰克福大学教授迪耶特·查普夫经过研究发现，并不是所有的笑都有益于健康，勉强的笑是对健康有害的，可能导致人患上许多疾病。空乘人员、商店的售货员、呼叫中心的接线员、餐厅的服务员之类的服务人员，因为在工作中经常被迫微笑，所以会有沉重的心理负担，最终健康会受到影响。

查普夫教授说："在研究中，我们发现服务员、接线员，他们在工作中经常会受到客户'虐待'。其中一些研究对象，在受到客户的辱骂之后被允许反唇相讥，而另一些人只能始终保持克制，即使遭到不公正的对待，仍旧必须对客户毕恭毕敬。结果证明，那些可以发泄不满情绪的研究对象在相对较短的一段时间内心跳很快，不过随后即恢复了正常，而那些仍旧必须对挑剔的客户们笑脸相迎的人，则在对方电话挂断后的很长一段时间内仍然心跳过速，尽管他表面上似乎没什么事，实际上已经受到了严重的损害，这种损害还没有被及时弥补。长期如此，健康必然堪忧。"

由此可见，强颜欢笑尚且不利于我们的身心健康，更何况勉强去做其他的事情呢？事实上，生活中有很多事情都是不能勉强的。特别是诸如感情之类的事情，更是如此。常言道，"强扭的瓜不甜"，勉强的感情当然也不会是幸福的。

有些夫妻虽然感情破裂了，但他们总是想着为了孩子而凑合着过日子，以为这样对孩子是有好处的。这样做的人非常多，然而结果不一定是好的。为什么呢？

首先，夫妻双方的身心负担太重，心情压抑，得不到开解和释放，长此以往，必然影响双方的身体健康，甚至造成心理扭曲。其次，这种勉强的做法对孩子的影响也很不好。不要以为孩子还小，不懂大人的事情，看不透父母之间的貌合神离。就算夫妻俩演技再好，也总会露出一些破绽来。如果孩子察觉出父母关系有问题，知道了真相，他会很快对家庭失去信心和信任。

实际上，当一段感情或婚姻走到尽头时，你可以尽力去弥补、去挽回，但不应该去勉强，更不能想着凑合一下。如果感情不能挽回，那最好的办法就是双方放手，尽快结束它。你必须了解，感情是不能强求的。然而，现实生活中有太多的人对感情放不下，于是找许多放不下的理由，想方设法去维持。可是感情破裂了，找理由有什么用？勉强更是没有用。

有心理学家指出，人们放不下一段感情，其实并不是放不下那个人，而是放不下自己曾经的付出。人们在做决定的时候，最困难的往往不是理解自己该怎么做，而是找到放手去做的勇气。感情的事，勉强只会让两个人都受委屈。所以如果感情走到了尽头，就不要去勉强。

追求一个人，维护一段感情，都不是可以强求的事情；自然，接受一个人的感情，也不是可以勉强的事情。

有个年轻人在家人的催促之下，和邻村的一个姑娘相亲。其实他根本不喜欢她，本来他是想要拒绝的。他把自己的想法告诉了父母，父母对他说：“这件事情你自己做主，我们不会给你拿主意。不过，感情这种事情，要相处之后才知道。现在没有感情，以后在一起久了就会有的。”周围的人也这样跟他说：“现在没感情，不代表以后没感情，感情是相处出来的。”他想了想，觉得挺有道理的。再看看越来越苍老的父母，整天还在愁眉苦脸地为他操心终身大事，他的心里就特别过意不去，于是他答应了这门亲事。那姑娘也没什么主见，凡事都听家里的，婚事就这样定了下来。

订婚之后，两个人在一起的时间还不到十天，就各奔东西了。姑娘与她的父母到南方去做生意，而这个年轻人则去了北方。其间分居两地的二人也会凑时间相聚一下，但是相聚非但没有成为期待，反而让年轻人感到烦恼，就好像完成任务似的。这样过了半年，年轻人发现彼此之间很难沟通，他们虽然每天都会打电话，但仅仅是打声招呼而已，基本上没有感情交流。半年时间里，姑娘很少关心他，他也没怎么担心过姑娘。所谓的“时间久了就会有感情”，根本无从谈起，最终年轻人退婚了。

勉强、凑合的心理，注定不会让人好受。要知道，没有感情基础的婚姻是不能勉强的。有的人会选择凑合，表面上似乎很豁达的样子，然而由于违背自己的本心，所以很容易导致心理失衡，最终影响身心发展。所以请记住，不要太勉强自己，勉强自己不会舒服，更不会幸福。

## 委屈自己成全别人，受伤害的可能是自己

有个小伙子刚刚参加工作，姨妈就从遥远的故乡跑来看他。窘迫的小伙子没有什么好去处，只好陪着姨妈在城里四处逛了逛。很快就到了吃饭时间，小伙子摸了摸口袋，发现自己身上只有50块钱。他很想找个小餐馆随便吃一点，可是他无法开口，因为姨妈相中了一家很体面的餐厅。小伙子不好意思反对，便硬着头皮跟姨妈进了那家餐厅。

两个人坐了下来，姨妈拿起菜单，征询意见。小伙子说："随便，随便。"他一只手放在口袋里，仅有的50块钱已经被手心的汗水濡湿，他的心中惴惴不安："钱不够，怎么办，怎么办？"

姨妈似乎没有发现小伙子的不安，她不住地赞美可口的饭菜。小伙子却品尝不出美妙的味道来，他的脑门上已经沁出了细密的汗

珠。姨妈看他满面通红又大汗淋漓的样子，就笑他：“一看你这孩子就爱吃辣，瞧瞧，这一脑门的汗！”

小伙子很尴尬地笑了笑。

丰盛的一顿终于吃完了，彬彬有礼的侍者拿着账单走来。小伙子微张开嘴，说不出话来。

这时，姨妈拿过了账单，温和地笑道：“孩子，我知道你的感觉，这也是我曾有过的感觉。我想听你说‘不’，我以为你会比那时的我更有拒绝的魄力，可事实上你跟过去的我一样傻，都不敢说‘不’。你已经长大了，走入了社会，你是一个独立的人，要有自己的主张。所以你一定要勇敢一些，如果你无法接受，那么就大胆地拒绝，不要有后顾之忧。”

生活中有种种因素，常让我们失去拒绝的勇气。就像故事里的小伙子那样，我们会要面子，会感觉难堪，也会担心他人的目光，因而“不”留在心里，难以说出来，“按着驴头喝水”，这岂能好过？

小崔在家具公司工作，收入还算不错，周围的人都很羡慕他。

但是工作几年之后，薪水丰厚的小崔并没有多少积蓄。他的父母觉得奇怪，因为他们知道小崔的生活很简朴，应该没有什么大的花销。那么小崔的钱是怎么花掉的呢？

答案很简单，请客。家具公司里男性同事占大多数，女性同事没几个。下班后，同事都喜欢去喝酒唱歌，轮流请客。开始的时候，小崔不太想去，就是担心会乱花钱，可是拗不过同事们的邀请。

别人请你，不去就是不给面子。再说大家都去，你要是不去，你立马就会被贴上“不合群”的标签，以后大家都会对你敬而远之。那就去吧，接受了别人的邀请，你总不能不表示，就这样白吃白喝白玩吧？那就只有回请。一回生，二回熟，于是更加不好意思拒绝了。玩着玩着，原本“吝啬”的小崔变得越来越大方，大方让他成了名副其实的“月光族”。

“你这傻孩子，”父母听小崔讲了自己的经历，不禁头疼，就开始给他上课，“不想去就不去呗，你还担心别人怎么看你？说白了，还是你自己闲得无聊，自己想去，自己要面子，要逞强，反倒说要顾着别人的面子。以后再遇到这种事，首先你要问自己，心疼这辛辛苦苦挣来的血汗钱不？你先要控制自己，不要总想着去表现自己的大方，那只会让你的钱袋子遭殃。”

父母看小崔的样子，知道他跟着同事们去耍大方，可能是因为孤单无聊，于是建议他找个女朋友，如果暂时交不到女朋友，也可以发展一下自己的业余爱好。于是文笔还算不错的小崔再也不去应酬了，平时就写写文章来打发寂寞的时光。这样一来，钱挣到了，他的人生也打开了另一扇门。

刚开始的时候，小崔拒绝邀请，同事们都不太高兴，然而随着时间的推移，同事们都理解他了。因为大家都想过更有意义的生活，而小崔正在朝着这个方向努力，这让同事们受到了启发。无所事事的人少了，更多的人开始行动起来，努力让自己的生活变得更有意义。

不要担心你的拒绝会破坏友谊，如果你拒绝是因为想获得更美好的生活，那么你就不会失去友谊，反而会收获更多友谊。因为在这个世界上，每个人都希望过更好的生活，每个人都愿意生活得更有意义，而不是无聊、无趣、无味地混日子。人们愿意接近那些敢于拒绝沉沦、勇于发展自身的人。如果你的拒绝有正当理由，并且是为了获得更美好的生活，你便不必担心失去友谊。

有些事情别想太多，拒绝他人也是这样。既想拒绝，又不想得罪对方，难免会犹犹豫豫、左思右想，结果非但无法将心里的那个“不”字说出来，反而还会让自己心事重重，烦恼更甚。想得太多，拒绝就会更不容易，你的勇气也会被种种顾虑磨灭。

无法接受，就大胆说“不”吧！不要随波逐流，不要有太多顾虑，当你拥有勇气，努力去接近美好生活时，你将收获更多。当你将“不”字说出来时，你会发现原来拒绝并没有那么难，只需要一点勇气就可以。

## 生活不能无限度地忍让

一直以来，人们都对愤怒的情绪很反感，自然对有脾气的人也不会有太多的好感，因此人们倾向于抑制自己的脾气。由于特别想让自己的性格变得完美，抑制脾气的做法变得偏激起来，以至于有的人最终让自己成了没有脾气的老好人。

有人会说："没脾气的人性格好，相处起来不会有矛盾，难道有什么问题吗？"这样的看法是非常片面的。当一个人没有了脾气，他的生活会是怎样的呢？一个字——乱。你也许不相信："怎么可能？应该说有脾气的人的生活才波澜起伏吧？没有脾气的人的生活应该是淡定从容的。"

若你这样认为，那就错了。有句俗话说得好，"树欲静而风不止"。你越想平静，不平静的事情就越靠近你。老好人没脾气，是因为他怕别人有脾气：他担心别人发脾气，所以不得不接受别人的要求，自己敢怒不敢言，把脾气闷在心里。他们担心自己要是把脾气发泄出来，就会造成冲突。在他们的眼里，脾气就是冲突的导火索，有脾气就容易爆发冲突。而避免冲突，恰恰是每个老好人心灵深处的念头。

他们想要平静安然，从没有想过发脾气，更讨厌别人发脾气，总觉得有脾气的人不好，没有秩序。事实上很多人心中都有这样的好人情结，都会觉得脾气是一种恐怖的东西。

然而他们不知道的是，其实有脾气的人更会表达拒绝的意愿。不要觉得这很荒谬。很多时候，人们无法拒绝他人，不是因为不想拒绝，而是因为少了那么点儿脾气。

一个没有脾气的人，仿佛是砧板上的一块肉，任人宰割，毫无抗拒之力。在他们的心里，存在着扭曲的好人思维——总觉得自己对别人好，别人就会对自己好。因此，他们不会愤怒，也不愿意发脾气。一旦发脾气，就会深深地自责，感觉自己不够好。

其实很多时候，完全没有必要责怪自己，如果是对方的问题和责任，为什么要让自己承受那些折磨和损失？有人感叹：“我多么愿意别人欣赏我的礼貌、我的大度，可实际上，他们只是享受我的礼貌，利用我的大度。有的人即便你无数次忍让他，也不能停止他的攻击与辱骂，他反而会越来越猖獗，到后来连我的家人都要带着一块骂。如果我不打断他，他是不会罢休的。”

一个正常的人，要能和气待人，但也要有点儿脾气。这并不是提倡争斗，也不是让人做那一点就炸的火药桶，只是希望我们都能坦诚面对自己的心，而不再用勉强和委屈来压抑自己。

不要再做勉强自己的事情，敞开你的胸怀，坦诚一些吧，勇敢面对自己内心的不甘、不愿和愤怒。如果你很生气，那就告诉对方；如果你不愿意，就不要勉强；如果你愤怒于对方的侮辱，那就勇敢地表达你的不满和抗议。我们不做卫道士，我们只需要坦诚地面对自己，做一个坦诚的人，哪怕很普通。一个人若能保持自己的真心和坦诚，生活中你便可驰骋。

## 拒绝不是亏欠，别用愧疚为难自己

今年的情人节，阿兰又要一个人过了。这让阿兰很不高兴，但是她只能表示理解，因为男友阿德对她说："今天公司里有事情，必须加班，要很晚才能回家，晚上不能陪你过情人节了。"男友忙于工作，这是好事，作为体贴的女人，她怎么能怪男友呢？于是，她乖乖地一个人在家看电视、吃快餐，一个人度过情人节的夜晚。

但是事情过后没几天，有一个好朋友却告诉阿兰，在情人节那天，她看见阿德和另外一个女孩在某家高级餐厅共进晚餐。这个消息就好像导火索一样，点燃了阿兰内心的愤怒。生气的她质问阿德："这件事情是不是真的？你到底有没有把我放在心上？"阿德见事情隐瞒不住，只好和盘托出。

原来那个和阿德共进晚餐的女孩是他的前女友，因为她在感情方面遭遇了一些挫折，希望找一个人来倾诉，所以请阿德陪她吃顿饭。由于当初是阿德先提出分手的，所以心存愧疚的阿德便没有拒绝前女友的要求。不过为了不让现任女友阿兰误会，以免闹出不愉快的事情，他便找了个加班的借口。

虽然阿德如实交代了事情的始末，说的也都是事实，可是阿兰依然愤愤不平。想到自己满怀理解之心，却被欺骗，阿兰总是特别难受，为此她大闹不休，几乎要和阿德分手。最终，虽然他们俩的感情挽救回来了，可是造成的一些感情上的裂痕，却不是短时间内能弥合的。

因为曾经的事情而心生愧疚感，变得难以拒绝，这是很多人都会面对的问题。男人会有这种问题，女人同样也会有。

小云是一个漂亮而温柔的姑娘，在学校里有很多追求者。在众多追求者中，有一个男孩特别殷勤，四年当中送了不计其数的鲜花、巧克力和其他大大小小的礼物。

刚开始，对这个男孩的追求，小云并没有拒绝，但也没有明确接受。她觉得他不错，但对他还没有那种倾心的感觉，因此想再观察观察，看看这个男孩到底是不是自己的白马王子。

就在这个时候，大军出现了。大军是小云的学长，他们是在一次校庆活动中认识的。大军为人风趣幽默，虽然毕业仅仅两年，却已经成就斐然。大军的成熟稳重、认真诚恳深深吸引了小云，让她觉得他就是自己心目中的白马王子。而大军对这个美丽温柔的小学妹也十分喜爱，两个人顺理成章地坠入爱河。

而此时，那个苦追小云四年的男孩早已经被热恋中的小云抛诸脑后了。

小云虽然在和大军在一起后，便拒绝了那个男孩，但他毕竟追求了她四年。在这四年中，他也许错过了真爱。对此，小云很愧疚。因此，对于这个男孩偶尔提出的见面要求，她总是尽量满足。

于是，令人悲伤的故事发生了。

在毕业前一天晚上，男孩又打电话来，希望小云陪他出去走走。天色很晚了，小云本来不想去赴约的，可出于心中的愧疚感，她最终还是赴约了。没想到，两个人在路上偶遇了大军，大军对此十分生气。结果可想而知，原本美好的爱情就此破灭了。

就像小云一样，不少人无法拒绝别人，就是因为心中存有某种愧疚感和亏欠感。在平常的生活、工作当中，拒绝者似乎总会对被拒绝者心存愧疚："如果不是因为我的拒绝，他们应该会生活得很好或已经完成了某些重要的事情……"这种想法不断在拒绝者的头脑中浮现，挥之不去。

然而，不好的事情发生，真的是我们的拒绝造成的吗？如果我们没有拒绝，事情就会沿着设想中的道路前进吗？就拿上面的例子来说：如果小云当时选择了那个男孩，他们的生活就一定会幸福吗？未必吧。如果真的幸福，小云早就接受了那个男孩。如果对方的愿望会实现，就算没有我们的帮助，他的愿望同样能实现。所以，我们并不需要因为拒绝而心存愧疚。

从心理层面去分析，拒绝之后所产生的愧疚感，正是自己力求讨好他人的必然结果。因为你希望周围的人快乐，所以对他们提出的要求总是尽力满足。倘若满足不了，别人没有获得适当的满足情绪，那么你的愧疚感便油然而生。

照这样分析的结果，你会发现，这种愧疚是多么可笑。因为你注定无法满足别人所有的要求。换句话说，无论你多么尽力，总会有人感到不满。况且，即使你能够实现对方的某个愿望，也应当考虑一下自己的幸福和快乐。难道有人找你要很多钱，为了避免拒绝带来的愧疚，就可以为了筹钱去犯罪吗？或有人喜欢你，想跟你在一起，你就必须答应吗？既然有很多事情我们做不到，无法取悦所有人，何必要耿耿于怀，心存愧疚呢？

记住一个原则：别人有求于你，如果你能够帮忙，那就尽力而为；如果因为心有余而力不足，拒绝别人，也不用愧疚。你没有必要刻意讨好别人，更不必因为拒绝别人而感到亏欠对方。相反，必要的拒绝，其实是替对方节省了时间，帮助他尽快找到正确的解决方法。因此，请记住，拒绝不等于亏欠！

另外，特别要提到的，就是拒绝之后的道歉。通常我们认为，道歉就是表示做错了事情。基于这样一种认识，拒绝他人的请求之后，我们不应过多表示歉意，除非你是服务业人员。有的人喜欢道歉，这并没有坏处，但是糟糕的是，有些人会将这种道歉内化成愧疚感，认为自己没能答应对方的要求，就是亏欠了对方。这种意识非常不好。如果你有这样的想法，那么还不如放弃道歉。

# 第三章

Chapter Three

## 控制距离，空间感有助于提升拒绝力度

当车上人少时，我们一般会在整排空座中找一个坐下；当车上很拥挤时，我们会尽量缩紧自己的身体，以免和别人发生触碰。这都是和别人拉开距离的表现，保持一定的距离，有助于向别人表明拒绝的态度。

## 保持距离，拒绝才有足够效力

在实际生活中，人与人之间的交往不可避免。而且，交往程度不同，彼此之间的亲密关系也会有所不同。通常来说，关系越亲密，沟通越轻松，相处更舒适。

但是，过分亲密的关系有时会让人陷入无法拒绝的漩涡。这也许会令你觉得困扰，甚至会影响彼此之间的情谊。

小美和小文是好姐妹，住在一起，小文常会向小美借衣服穿。刚开始小美并没有觉得这有什么不对，毕竟是好姐妹，可是后来小美发现，随着小文这种行为的发展，其不安分的手开始渐渐地伸向了属于自己个人隐私的角落。

小文经常在没有得到小美许可的情况下，查看小美的私人信息，比如书信、日记，甚至连小美的存折上的进出数字，小文也一清二楚。小文的举动侵犯了小美的个人隐私，这让小美很生气，但小美担心如果因此而指责小文，会影响二人的关系，所以一直持容忍的态度。

有时小美也会采取一些隐晦的方式，暗示小文不要乱看自己的私人信息。但是小文会笑着说："咱们关系这么好，看看有什么关系呢？你也可以看我的嘛。"

结果有一次，小文竟然"借用"了小美的一对珍珠耳环。那对珍珠耳环是小美的男友送的，小美特别珍爱，一直收藏在箱子的最底层，没想到竟然被小文拿出来，戴在自己的耳朵上，四处炫耀。

一开始小美还不知道，直到有一天，在不经意间，她看到了小文耳朵上的耳环，觉得很熟悉，便说："你戴这耳环很好看，我也有这样一对珍珠耳环。"小文笑道："这耳环就是你的那对，我借来戴一下。"

小美大吃一惊，同时心中怒火爆发，大骂小文："你怎么可以这样呢？没有我的许可，你就把东西拿走，你这是借吗？你根本就是偷！"

两个人大吵一架，曾经的好友顿时变成了针锋相对的仇敌，相互攻击。

关系再好，也要保持一定的距离，这样你才能有自己的空间，同时，做事才会有回旋的余地。如果你不能给人以适当的距离感，你便会像小美一样，毫无隐私。

为了保护你自己，你要懂得拒绝，给太热的关系降降温。关系就像人的脑子一样，很容易出现狂热的情况，一旦太过狂热，便容易失去理智。这个时候，我们就需要降降温，泼泼冷水。保持理智，你才能巧妙地拒绝。有的人无法拒绝，实际上就是“脑子烧着了”——失去了理性思考，脑子里只想着好好维护情谊，完全迷失了自我。

对那些不断向你靠近的人，你要把握分寸。如果对方靠得太近，就要及时地向来人喊停。不要像小美那样，一对有多年交情的老友，就因为亲密得有失分寸而分道扬镳，能不令人扼腕叹息吗？

亲密过度，反而可能会影响友谊，最后导致情谊的“裂变”。观察生活，你会发现这样的友谊发展路线很常见。

如果我们不希望自己的细胞中有导致友情“裂变”的“因

子”，就要学会迂回曲折地拒绝对方无意中的“不尊重”，或坦言相告，提醒对方不要越位。对于朋友的请求，能够施以援手的，便尽量帮忙，若不能，便坦诚以告。要敢于说出自己的意见，这样及时地给双方的关系降温，总比友谊最终破裂要好得多。

其实不仅朋友之间要注意保持距离，即使是亲密无间的夫妻、情人之间，也要适当保持距离。

有位男士很烦恼，因为他结婚8年了，但在家里没有一点自由的时间和空间，妻子跟他同进同出，对他的任何事情都十分关心。开始他还觉得挺幸福，但随着时间的推移，他越来越感到心力交瘁。

不可否认，妻子很爱他，但也许是太爱的缘故，妻子将他抓得紧紧的，不允许他和其他异性接触。一旦涉及异性，妻子便特别敏感。

在家里，只要电话铃响起，她就立刻抛下手中的活去接电话。只要是女性找他，接电话的时候，她便一定会站在边上竖起耳朵听。接完电话，他就会被盘问。他感觉妻子就像一个警察，而自己就像一个罪犯。

此外，妻子对他的前女友也耿耿于怀。其实自从分手后，他就再也没有联系过前女友，但妻子还是时不时地提起来。这些年来，他一直千方百计地寻找出去透气的机会，但仍然摆脱不了妻子的过分“关心”。因为没有自由空间，爱已经成了他的负担，压得他喘不过气来。

在现实生活中，经常看到这种有压迫感的“关心”，姑且认为这是太在乎的缘故吧。但是，过度的亲密是一种无形的压力，会让对方感觉压抑而逃避，影响彼此之间的关系。

两只相爱的刺猬，由于寒冷而拥抱在一起。可因为身上都长着刺，于是它们隔开了一段距离；但又冷得受不了，于是又凑到了一起。几经折腾，它们终于找到了一个合适的距离：既能互相温暖，又不至于被扎。

有个离婚的男人说起自己的感受：“离婚没有别的原因，只是因为前妻让我毫无保留地把过去的一切都说清楚。她说这是为了信任。我想她说得很对。为了让她放心，新婚之际，我做了彻底的坦白。可是从那以后，我就成了透明的，毫无自我可言。她在责骂我的时候，我的过去经常会被提到，这让我很不自在。”

人与人之间的相处须遵循一个重要原则：适度原则。所谓距离产生美，这不是无稽之谈。靠得太近，并非好事。必要的时候，我们要拒绝太靠近，学会保持一定的距离。

## 适当的客气，有助于扩大心理距离

对于拒绝来说，客气非常重要，因为客气可以帮你拉开彼此之间的心理距离。如果你不知 道客气，很可能让彼此之间的心理距离过近，以至于使你的拒绝效果直线下降。

有个朋友打电话邀请小钱到家里吃饭，说有事商量。小钱猜测是借钱的事情，不想去，于是找了个借口，说晚上公司开会，走不开。结果，到了晚上九点多，那个朋友打电话来，问他："会开完了吗？就等着你开饭呢！"

盛情难却，小钱没办法推却，只好赴宴。见面后，小钱很客气，连说抱歉。朋友责怪："都是自己人，不用说这些。我知道你事情多，走不开，没关系，我们是哥们儿，等你吃饭是应该的，怎么还跟我客气呢？”朋友这样一说，小钱觉得挺不好意思：人家把自己当兄弟，自己却跟人家见外，还躲着人家，这多不合适啊。

这个想法产生之后，小钱就不再客气了。不一会儿，朋友果然说到借钱的事情。在这种融洽的氛围中，两个人的感情又这么好，小钱哪里好意思拒绝？几杯酒下肚，小钱非常爽快，当时就转了一笔钱给朋友。第二天醒来，小钱想起借钱的事就后悔。

如果你想拒绝某些人，不妨学会客气。在必要的时候，可以客气一些，拉开彼此之间的心理距离，一方面能够让你的“不”更容易说出口，另一方面也能让对方不好意思将请求的话说出来。适当的客气，会使对方觉得有种生疏感，这样一来，彼此之间的心理距离就会拉远。

求人者莫不喜欢拉近彼此之间的心理距离，以期得到更多的支持。所谓“一家人不说两家话”，为了消除生疏感，他们会想方设法消除你的客气，拉近彼此之间的心理距离。所以在客气的时候，一定要坚定一些，不要像小钱一样，一下子就被对方的诚恳打动。在现实生活中，很多人都是这样迷迷糊糊地答应了对方过分的请求，对此我们一定要有所警惕。

说客气话的时候，切记别与对方套近乎。有的人一边说着客气话，一边又不断地拉近彼此之间的距离。这是很不合适的，不利于拒绝。

在通常情况下，如果能给人一种敬而远之的感觉，就比较容易把“不”说出来，并且不会有什么心理负担。也就是说，当对方试图与你拉关系、套近乎时，你应该保持头脑清醒，千万不要沦为对方的“感情俘虏”，否则，你想再开口说“不”就难了。

在生活和工作当中，学会客气没什么不好，学会多体谅别人，多考虑别人的感受，这对人对己都有好处。行事说话带点儿客气，不仅有利于拒绝，也是一种个人修养。

## 冷漠拒绝法，借态度表明想法

心理专家认为，态度会影响心理距离。通常来说，热情会让人心生亲近感，而冷漠则会让人疏远。根据这一规律，有人便提出了冷漠拒绝的方法。事实上这种方法是最自然的选择，期待沟通继续进行下去的人，通常会表现得比较热情；反之，表现得冷漠，则表示不希望沟通继续进行下去。

态度在一定程度上会影响彼此之间的关系，良好态度会让我们显得更加亲切，这有助于心理距离的拉近；相反，恶劣的态度则会让人疏远。对于需要拒绝的人，可以通过改变态度，以拉开彼此之间的心理距离。态度也能说话，如同你的嘴巴一样。

冷漠拒绝法，经常会应用于某些剪不断，理还乱的关系。比如难却的人情、纠缠的感情等。直截了当地拒绝，可能会引起他人极大的反弹，这时，就可以采取这种冷漠的处理方法。当你对人表现得冷漠的时候，自然能拉开心理距离。

冷漠态度的呈现主要在于表情的运用。表情不是静止的，感情的变化会随时在你的脸上显示，从你表情和态度上的改变，别人可以很轻松地看出你对他们的态度到底如何。因此，你要学会随机应变，不能用单一的表情去应付不同环境下的不同人。就拒绝而言，当你摆出一副面无表情的样子面对求助者时，拒绝的态度已经非常明显了。

语言研究者经过研究认为，想要成功沟通，通常需要经过下述三个步骤。首先，要通过耳、眼、鼻等感觉器官，接受外界的刺激而认知对方。如果在此阶段能给对方所喜欢的强烈刺激，则几乎不必交谈，就能给他留下好的第一印象，大部分的人都会努力在这个阶段使对方接受自己。其次，刺激对方的感情让他做出判断。在此阶段，我们会通过言辞做出判断：这个人很有趣，好像谈得来，想法独特，等等。最后，肯定的材料积累到某种程度时，便进行到引发动机的阶段，至此才产生要不要付诸具体行动的决定性念头。如果在我们的印象中，这个人很好，我们就会逐渐敞开怀抱，和他交朋友，答应他的要求。

因此，如果想拒绝对方的不合理要求，在第一个阶段就表露出拒绝对方的态度最为有效。在认知阶段，你可以摆出冷漠的表情，如果已经进行到第二阶段、第三阶段的沟通，要令其感到受挫是比较困难的。从第一阶段的认知起，设法瓦解对方，让对方得到外观判断的材料，就是你努力的重点。

当然，有时我们要拒绝的人可能是我们较为熟悉的，通常已经过了认知阶段。但是这并不代表冷漠拒绝的办法没有效果，实际上它同样可以拉开彼此之间的距离。对于拒绝来说，突然间的冷漠可能会更加有效。例如，微笑中断能使对方不安，就能使你更容易说出“不”来，这种冷漠表达法可能会更加直接有效。

微笑表示温柔、可爱、温顺，故而很容易被人接受。它表示两种意思：你所说的我很了解；我们是同伴、朋友。所以，当你想要接近某人的时候，可以露出微笑的表情。微笑是使交谈圆满进行的润滑剂。那么倘若这个润滑剂突然停止供应，会给对方的心理造成什么样的影响呢？对应于微笑所具有的意义，则是表示“你的话我不懂”“我和你不再是伙伴了”的信号。换句话说，如果想要终止和对方之间的谈话，只要把原来露出的微笑中断就行了，这样对方会开始不安，会认为自己一直说下去的话会有问题。

因此，如果你要拒绝某人，拉开彼此之间的心理距离，一定要少笑，尽量摆出严肃的表情。在交谈的过程中，即便微笑着，也可以随时中断微笑，表明自己拒绝的态度。在和别人沟通时，如果采取一本正经的态度，摆出一副公事公办或毕恭毕敬的样子，似乎就是在告诉人们："我不想和这件事有瓜葛，不想和你太靠近，我要掩藏自己，你们不要靠近我。"这样做，拒绝态度就十分明显了。如果对方知趣，通常都会退避三舍，又怎好意思向你提出要求呢！

态度是表达意思的雄辩语言，不过它有一个难点，就是与口头的语言相比，不太容易把握分寸，要表达得恰到好处比较困难。如果仅仅作为口头表达的辅助手段来用，对于态度表达来说，并不需要太多的要求，但是，如果要表达准确，则需要多加注意。你可以这样做：开始时表现出轻微的冷淡，表示否定的态度。如果这样不见效，再进一步表现更强烈的冷漠，表达拒绝态度。这样表达态度，逐渐推进，分寸也就更好把握了。在表达拒绝的态度时，千万不要过火，以免因杀伤力太大而闹出争执。

## 先理智，后情感，拒绝朋友并不难

在与人相处时，除了说话方面不能太随意之外，还有一点需要特别注意的，就是别太讲所谓的“义气”。义气与心理距离有关，有的人因为心理距离太近，无法说“不”，结果闹出许多不可收拾的事情来。

事实上，很多人心中都有“义气情结”。但朋友相交，义气只是一个补充，而不是准则。凡事都要有个度，朋友之间的义气也一样，过分地强调只会适得其反，其结果往往是害人害己。

在通常情况下，朋友在一起相处，互相帮助是件好事，但如果过分意气用事，就很容易产生压力。首先，因为义气，有的人在面对问题时，很难理智而清醒地思考，这不利于问题的解决。其次，义气有时会和法律有冲突，一味地以义气为重，可能触犯法律，到头来很容易伤害自己。在这样的情况下，明智的人是不会以义气当先的。

有一个老实的农民，平时安分守己，什么坏事都没做过。但是，有一次，他的一个朋友找上了他。出于义气，他就把朋友偷盗来的赃款藏在了自己的被褥下。在他看来，自己只不过是在帮助朋友，对自己也没有害处。事情暴露后，他稀里糊涂地变成了窝藏犯，不仅连累了自己，还连累了家人。

中国汉代史学家、文学家司马迁说："人情莫不念父母、顾妻子。"再重义气，也不能罔顾自己的亲人。事实上，有时只是一时的义气，就把美好的情感变成了"情劫"。

光凭义气行事的人往往以维持关系作为目标，这是盲目的。真正的友谊应该是理智的、有选择的。

朋友之间要不要讲义气？要！但是，不能靠义气来维持彼此之间的友谊，更不能意气用事。

曾某与尹某从小一起长大，是非常要好的朋友。一次，曾某提议一起开一家公司，并表示自己有门路。尹某本不想开公司，觉得存在风险，但碍于义气，还是和曾某合伙开了一家电脑公司。

然而，偏偏时运不济，遇上电脑价格大幅度下调。原先的一些客户也实行了集中采购制度，因此公司失去了业务渠道。结果公司不仅没有像曾某预言的那样赚大钱，反而背了一屁股债。

公司很快就垮了下去。此时，尹某非常后悔听信了曾某的话，而曾某却认为是尹某给他带来了晦气。结果，一对好友闹得不欢而散。

讲义气要分人、分事。亲密的朋友并不一定能成为合作的伙伴，而默契的合作者可能会成为知心的朋友。在一些具体事情上，感情用事是绝对不值得的。仅仅用义气、感情来强化彼此之间的关系，所带来的往往是压力和彼此的疏远。尤其在行事方面，义气所带来的不一定是好结果。

总而言之，朋友相处一定要注意把握分寸，分清事情、分清对象，不能盲目，特别要注意心理距离的调整，不要因为义气而来者不拒。

## 强化地盘意识，增强拒绝能力

每个人都有地盘意识。当陌生人与我们靠得太近时，我们就会觉得警觉和不安，从而产生本能性的抗拒意识和逃避意识。这种意识让我们学会控制与他人之间的距离，以保证自己内心的稳定与安宁。所有的人都会通过距离的调整，来表达自己内心的厌恶与喜欢。距离上的远离，帮助我们表达自己的拒绝之意；而距离上的靠近，则让人体会到接受和靠近的意图。

在派对中，如果仔细观察欢谈中的人们，就会发觉交谈中的人们彼此间的距离远近不一。这种距离的差异和亲疏度相关，距离越近，表示他们的关系越亲密。面对一个并不太熟悉的人，我们则会倾向于站在边端，扩大与对方之间的心理距离。这种保护自己的下意识做法，似乎在告诉对方：你不要靠近我，你的靠近，会让我感到不安。当我们看到喜欢的人时，即便是第一次见面，不好意思说亲近的话，我们也会努力通过靠近对方的方式，来表明自己的心意。

这种地盘意识下的距离调整，帮助我们更好地表达心意。由此可见，地盘意识会间接地影响我们的拒绝行为选择。对此，我们应该有所了解，以便我们在面对他人的请求时，更加清楚地明白自己的心意。那么，地盘意识对拒绝的产生有何意义呢？你或许会觉得二者之间毫无联系，其实关系很大。地盘越大的人，地盘意识越强烈，越容易拒绝他人；反之，地盘越小的人，地盘意识越薄弱，越难拒绝他人。我们观察身边的很多事物，都可以了解人们内心的地盘意识的强弱。那些喜欢宏大事物的人，通常地盘意识比较强烈。而拥有了宏大事物的人，事实上具有更为强大的拒绝力。这一点从办公桌的大小上就可见一斑。甚至，有的人还会运用这种地盘观念的代表性物品，强化自己的拒绝态度。

当你被上司喊到他的办公桌前时，纵然面对平时能毫无拘束地交谈的上司，也会觉得很难说出话来。为什么会发生这样的事情呢？因为桌子是对方的自我延伸，它会让你的心中自然形成一道看不见的墙，拉开彼此之间的距离。此时你会觉得对方与你离得很远，你们根本没有想象中那么亲近。

桌子如此，其他物品也如此，都可能会被我们的潜意识当成自己的地盘。有这样一种现象：平日里连一只蚂蚁都不愿踩死的男人，一旦手握方向盘，就会像变了一个人似的。要是有人超车，他就会想着超越别人。这也是因为自己的地盘扩大到车子本身，感觉在平时并不介意的距离内有陌生人的存在。在这里，自我被扩大到车子上了。

这样看来，想说“不”时，桌子可作为有效的武器使用。比如，想对同事说的话表示“不”时，不要走过去，而要把对方叫到你的桌子前。你的桌子会成为你的自我延伸，你能更容易说出“不”来。而且，桌子在你和对方之间形成看不见的心理墙壁，这种间隔感，更有助于你说“不”。

如果你面前的桌子不够大，制造的距离不够，你可以在桌子上放一些东西。通过身边的一些小道具，也可以做一些间隔动作，比如将香烟盒、打火机、袖珍型书本、口香糖、小钱包、钥匙包等小物品，放在两个人中间，这会形成一种间隔感。

如果你觉得间隔行为有些被动，则可以采取更加主动的入侵行为，逐渐进入对方的地盘，打击对方的气势，让对方不安。这种入侵的动作，表现进攻的态势，可以帮助我们强化拒绝态度。

假设双方隔着一张圆桌相对而坐，你把烟盒放在自己的面前，接着，一边谈一边把盒子慢慢推向对方那边，或者用手指将烟灰缸逐渐推向对方那边。打火机也可以这样推进，若无其事地放在靠近对方的位置。这样，烟灰缸、香烟盒、打火机，全都排列在紧靠对方的位置。你在双方之间的物理空间上，制造出了强势入侵的态势，必然会影响双方的心理。这将帮助你更加有力地表示拒绝。

隔着圆桌相对而坐时，我们会下意识地在圆桌的中心画一条看不见的线，把领域一分为二。这也就是在暗中承认两人在空间上处于对等的立场。而让小物品侵入对方的空间，则等于把自己的领土扩大，对方的地盘被我方扰乱了，当然会引起心理上的动摇。

有个推销员，旅行全美，推销他的轮胎。当他进行说服的时候，便会使用入侵的动作来获得成功。每次到顾客那里时，他总是把轮胎竖立在自己的身边，一面进行商谈，一面自然地把手放在轮胎上，抓住它，慢慢地推向对方那边。

对方当然会注意到这只轮胎，会不断地看它。他抓住某一个适当的时机，把轮胎轻轻地推滚过去，顾客不得不接住它。直到商谈结束为止，这只轮胎一直在顾客手中。顾客在不知不觉中，接受了他的说服。

由此可见，表达不仅要靠嘴巴，还要懂得动脑筋。在拒绝的时候，我们也可以采取这种方法，以增强我们的拒绝能力。

# 第四章

Chapter Four

## 无声拒绝，用身体语言代替开口说话

懂得拒绝是一种能力，更是一种技巧。有时候，即便不开口说话，也能准确表达拒绝的意思。在这个过程中，身体语言发挥了重要的作用，一个小小的肢体动作，便能表露自己内心的真实想法。

## 善用肢体语言来说“不”

表示拒绝，并不是只能依靠对话。身体的动作也可以表达拒绝的含义，这就是有关拒绝的身体语言。

比如，摇头便是最常见的拒绝动作。当新生儿吮吸了足够的奶水后，他就会左右摇晃脑袋，以此抗拒母亲的乳房。幼儿在吃饱了以后，也会用摇头的动作来拒绝长辈们喂食的调羹。人们在很小的时候，就会使用摇头来表达拒绝。

由此可见，拒绝的身体语言，其实比口头语言更早出现。当然，拒绝的身体语言绝不只是摇头。在拒绝的时候，如果能够适当地采用肢体语言，便可以增强拒绝的效果。下面为大家介绍几种有效的拒绝姿态和动作。

### 1. 正襟危坐，挺直腰身

在动物的世界里，我们看到狗、猫或猴子等动物打架的时候，它们全身的体毛都会竖起来，直立的毛发使得它们看起来很庞大，为什么它们要这样做呢？其实答案很简单，因为它们要让自己的身体看起来很大，以使自己显得气势惊人，从而威吓敌人。事实上，人的一些行为，有时也会表现出与此相同的情形。

将人类与其他动物的行动做对比，可以帮助我们理解身体语言。比如人与人打架时，面对面的两个人，总是无意识地耸起肩膀，张肘使劲。做出这种动作的目的，与那些动物竖起毛发的目的是一样的，也是想让自己看起来高大，为了显得有气势。

一位西装店老板说，他的顾客十之八九都要求不要把西装做得太合身，而要做得宽松一点。这不是为了穿着舒服，而是为了让自己的体型显得更壮硕一些。我们常看到一些小伙子把外套搭挂在肩上，走路时双手摆动，动作幅度挺大，其实这也是努力想让自己显得高大的一种表现。

高大的身体能够给人更大压迫感。这可以很好地对人施加心理影响。对于拒绝而言，这也是十分有利的。胖子要拒绝瘦子往往会比较容易些，而瘦子要反抗胖子，从观感上来说，会给人一种蚍蜉撼树、自不量力的感觉。所以，要说“不”时，畏缩身体是不智之举，应该尽量让自己显得高大——如果你的身形不够高大，那么你要尽量正襟危坐，挺直你的腰身。这会帮助你更好地说“不”，增加你拒绝的气势。另外，要特别说明的是，傲慢的动作，如高昂脑袋等，也可以运用于拒绝中，增强拒绝的效果。

**2. 紧张与放松交替，张弛有度**

在电视新闻发布会的现场，观看主席台上的人的动作，你会发现，他们不断地交替变换身体的姿态，特别是在发言的时候，有时是放松地背靠椅子，有时则眼神严厉地将上身探向前，特别是面对敏感问题时，即便言辞闪烁，动作变换也会特别频繁，这样显得气势逼人。

这种张弛有度的动作，已经成为闪躲对方攻击的有力武器，在心理学上广为人知。根据美国的阿尔巴德·谢弗林博士的研究获知，当一个人交替重复放松态度和紧张态度时，会使对方无从理解你的肢体语言，以致失去说服你的线索。

比如，最初采取倨傲自大的开放性姿势，脚伸到前面去，两手在头部后面交叠，这是代表性姿势。接着，挺直背部，身体向前面微微探出，做倾听状，面对对方。

这一连续的动作会影响对话人的注意力，导致对方丧失目标。第一个姿势是放松的，会让人觉得自己的话无趣；第二个姿势是紧张的，会让人觉得自己的话有趣。重复变换姿势，就会让对方不知道你的兴趣在哪里。

在拒绝的过程中，如果你能够不断使用这种变换的动作，便可以在不知不觉的情况下，消磨掉对方继续说下去的信心，化解对方的气势，让你的拒绝更加有力。

### 3. 双手交叉在胸前、两脚重叠

观察地铁座位上的乘客时，常会看到一些人双手交叉在胸前，两脚重叠。他们那种拒人于千里之外的动作，让人们都不好意思站在他们的面前。这个动作在日常生活中很常见。按照达尔文的说法，似乎这种姿势在世界各地都表示防卫。我们常常见到老师们摆出这种姿势，医生在同行中也爱做出这样的姿势，小孩在反抗父母的说教时，也会这样。这似乎是对料想到的攻击所采取的一种警诫措施，或表示个人立场的坚定不移，拒绝改变。在谈判的过程中，很多人都会用双手抱胸的姿势来表示自己拒绝妥协的态度。当你要表达拒绝，或坚持自己立场的时候，也可以将你的双手交叉，置于胸前，那样会让你气势倍增。

4．腿部动作表达拒绝和反对

孩子想要出去玩，但是被父母阻止了。“你应该预习功课。”父母对他说。“可是我看书看了很久，想出去玩一会儿……”孩子哀求道。当父母坚定地拒绝后，无力反抗的孩子只好回到书房里继续学习。过了一会儿，书房里传来敲打地面的声音。“你在做什么？”父母打开书房门，问孩子。只见孩子用脚跺了跺地面，说：“没什么，鞋子好像有点不舒服。”

虽然孩子没有说出心中的不满，但是他的双脚已经很明显地表达出了他内心的愤怒。在表达愤怒的情绪方面，腿部动作除了跺脚之外，还有踢东西。人们常常会用踢的动作来表达自己愤懑不平、抑郁不舒的情绪。另外，来回走动的动作除了表现紧张、焦虑和不安之外，有时也会在愤怒时出现。

如果对方不想说话，对你的观点不表示反对，而你却看到对方有微微跺脚的动作，那么说明对方内心对你的观点其实是不赞同的，但他可能由于某方面的原因，不愿将反对的意见说出来。然而，他的腿部却不受控制地表达出了内心深处的抗议。

当我们焦虑的时候会来回走动，当我们生气的时候会跺脚或踢东西，当我们想要逃跑的时候腿脚会往后退缩，并且脚微微移动朝向最近的出口，等等。这些腿部的动作似乎给我们这样的一种感觉：每一种情绪都有与之相对应的腿部动作。

#### 5. 把玩身边的东西

有一位评论家，每逢有自己不喜欢的访客到来，他就会一边说话，一边整理自己的名片，这样的动作往往会使对方失去聊下去的兴趣，而选择离开。不过也有不少访客根本不受他动作的干扰，坚持不走。碰到这样的人，他就开始解周刊上的猜谜，想一会儿，写一会儿。对方见此，通常就不得不知难而退了。

#### 6. 设置闹铃，限定谈话时间

有位公司老板为拒绝他人长时间的拜访，常常会事先给自己定一个闹铃。由于有一种闹铃一响谈话便可结束的安心感，故能热心倾听对方的话。不一会儿，期待的铃声响了，他就会不胜遗憾地说：“哦，已经到时间了。我要去……”这样一来，交谈就可以结束了。

除了上述的几种动作技巧之外，还有诸多表情动作，也可以说“不”。多数人习惯用撇嘴、耸鼻子、皱眉头等表情来表达自己对事物的厌恶和拒绝。在沟通时，也可以尝试采用，以增强拒绝效果。有些拒绝动作属于本能反应，有些则需要我们自行学习和训练。

## 避免眼神接触，暗示拒绝情感交流

眼睛是心灵的窗户，善于传情达意。在沟通的过程中，人们通常会采取积极的眼神交流。相信很多人都接受过这样的礼仪教育：跟别人交流的时候一定要看着对方的眼睛，这样做一方面是一种尊重，另一方面也有利于情感的交流。

有一名推销员刚参加工作时，不太注意眼神交流，因此业绩并不好。有一位顾客来到店里买车，他向顾客详细地介绍了一款车，在马上就要签单的时候，顾客却掉头走了。推销员很疑惑："我什么地方得罪了他吗？"他很想弄明白这个问题，于是便冒昧地打电话过去，问那名顾客为什么改变主意。

那名顾客很坦率："年轻人啊，你很不专心，我觉得你似乎并不在意你所卖的车，你看上去很了解它们，但是你在介绍车子的时候，还在跟另一位同事聊昨天晚上的球赛。你这种敷衍的态度，让我不敢确定你说的话是真的。”

事实证明，缺乏眼神交流，不利于沟通。如果你想让人答应你的请求，就要积极地与人进行眼神交流。相反，如果你需要拒绝不合理的请求，则要尽量避免眼神交流。

所以，如果你要说“不”，就尽量不要对上对方的眼睛。你如果想要尽快结束谈话，可以避开对方的视线或低下头，诱导对方移开视线，接着交谈自然而然就结束了。有的人或许使用过这样的方法，结束不愿听的冗长的牢骚话。这种视线游移，可以表示心不在焉。很显然，这会让说话者失去诉说的兴致。

根据一些研究人员的观察，人在视线碰撞的过程中，会产生紧张的心理。这样的紧张会衍化成两种不同的情况：要么变得积极、热情，要么变得不安、焦虑。

仔细观察生活中的一些现象，就会发现确是如此。在餐厅吃饭的时候，一个正在吃饭的人，无意间对上邻座一个滔滔不绝的客人的视线之后，这个客人的动作就会突然间变得生硬起来。这是视线碰撞导致紧张，而衍化成不安的情绪反应。

平时说话滔滔不绝的人，一旦站在人群面前，就会讲得结结巴巴。有些人平时说话不多，但是站在讲台上时，就会变得激情四射，讲起话来特别有力量。

这些例子告诉我们，一个人只要意识到别人的视线锁定在自己身上，就会有紧张感，可能导致不安情状，也可能导致积极情状。

在拒绝时，你可以多用闪烁的眼神，视线时不时地与对方的碰撞。但一定要注意，在视线碰撞时，不要被对方的眼神吸引住，形成注视。注视会激励和鼓舞对方说话，那样的话，对方会变得滔滔不绝，你将变得疲于应付。

当有意向与他人交流时，人们总习惯于寻找对方的视线，就好像植物寻找太阳的光线一样，目的就在于更加顺利地交流。如果眼神游移、闪躲，则会让人失去焦点，很难专心交流。所以面对面坐着时，把自己的视线移到对方的视线之外，是击退对手的方法。为了避免注视对方，你要尽量地让自己的眼神游移变得自然些。

若你有足够的理由拒绝对方，那么你可以用坦然的眼神看着对方，说出你拒绝的缘由。然而，如果你找不到更好的理由来拒绝，则可以躲避对方的眼神。对方从你闪烁的眼神中，就可以看出你的态度。

眼神游移、闪烁，表达内心的犹豫和感情的羞愧，同样这种眼神也可以为我们下面要说出来的拒绝话语预热。当对方看到你眼神不定的时候，他的心中通常会产生不妙的感觉，这种预热可以让对方对接下来的拒绝有心理准备，这样也就没那么尴尬了。有的时候，甚至不需要将拒绝的话挑明，仅仅游移不定的眼神，就能让对方不好意思将要求说出来。

当然，也有人没有那么知趣，他可能明知道你想表达的意思，却故作不知，继续向你提出要求，这时，你可以将拒绝挑明。

你如果无法避免眼神的交流，可以用无可奈何的笑容来表示拒绝，实际上这种办法要比躲避对方的眼神好一些，至少这会让对方感受到你的真诚。但是这种办法的缺点也很明显，它会让对方觉得你有意帮忙，却因为某些原因无能为力，因而对你提出其他请求。

在拒绝时躲避对方的目光还有一点好处，就是让你更加顺利地将“不”说出来。你可能有过这样的困扰：在对方灼热的目光下，你发现自己突然失去了所有的勇气，“不”就在嘴边，可偏偏说不出来。这就意味着在视线碰撞中，你容易落入下风，你的紧张感没有变成积极情状，为你增加拒绝的气势，反而变成了焦虑和不安，这显然不利于你的拒绝。

被人盯住，难以开口说“不”，怎么办呢？这个时候，你可以站起来走动，或拿一个东西，背过脸去，这样“不”就容易说出来了。比如一面递茶给客人，一面从客人背后或旁边开口说：“那件事实在有点……”

其实生活中我们都有类似的习惯性的行为，目的就是避免视线碰撞而不利于拒绝，只是我们没有注意罢了。我们常常从对方背后拍着他的肩膀说：“明天不能去你那里，真抱歉……”我们发现这样拒绝不但很容易说出口，而且能避免强烈的视线碰撞而造成不快的感觉。

## 注意！小动作背后隐藏着否定态度

我们常从孩子身上看到这种现象：本来并不伤心，但为了引起父母的注意，假装哭泣，结果真的哭了出来，孩子先用手捂住眼睛，发出呜呜的声音，摆出一副要哭的架势，但是假哭毕竟是假哭，很容易被看穿，那怎么办呢？孩子会琢磨该怎么做才显得更真实，甚至会想怎么才能哭出来，然后去模仿哭泣。用不了多久，孩子就会莫名其妙地迷失在悲伤的氛围中，于是假哭变成了真哭。

美国心理学家威廉·杰姆士说："感情能以动作的调整，予以间接的调整。当你失去快乐时，最好的恢复快乐的方法，便是装成快乐的样子行动、说话。"他认为，给人的身体以刺激，身体便能产生反射性的变化，其结果是引发悲伤或欢喜的情绪。

事实上，所有人都会通过动作来加强自己的表达效果，当然在拒绝的时候，同样也可以通过动作增强拒绝的意志。当你要说“不”的时候，可以倾斜你的身体，侧身对着对方。采取这个姿势，即便你不说话，气势也已经把你拒绝的意思传达给了对方，而且这是一种攻击性的姿势，可以说明你的“不”并不是随便说说而已。

如果你采用倾斜身体的非对称姿势面对他人，就会使对方产生坐立不安的感觉。该动作源于战斗姿势，在不少的武术当中，都会使用这一姿势迎敌。当你将自己的身体侧对某人时，就有一种迎战的意思在里面。在拒绝的时候，如果采取这个姿势，会富有侵略性，表现出强硬的拒绝和对抗态度。

除了侧身面对人说话可以增强个人的气势之外，还有一些其他的动作也有同样的效果。当我们被侵犯的时候，我们的身体会做出一些代表否定意义的动作。

开始的时候，晃动上半身，移动脚部，用脚尖踩踏地板。这些动作属于第一个阶段，它在预告：“你太靠近，我会坐立不安。”

接着，闭上眼睛，收起下巴，弯下背部，用这些动作来表示“你在这里会妨碍我，你已经侵入我的领域”。

一部分心理学家认为，在遭遇他人的入侵，自身感到不安的时候，每个人都会有类似的行动。这些行动在强化我们内心的拒绝意识。所以对于缠住你不放的人，不妨先移动你的脚，或用脚尖踩踏地板，接着闭上眼睛，收起下巴，用这两个阶段的战术将他赶跑。

除了这种略显侵略性的动作之外，还有一种显得较为柔弱的动作也有极好的拒绝效果，那就是表现自身身体状况不佳的动作。

妻子因丈夫整日忙于工作而感到孤独，时间久了，妻子对丈夫变得冷漠起来。于是丈夫责备妻子变心。其实妻子根本没有变心，但也许是对自己的行为感到愧疚吧，并没有气愤地驳斥丈夫。

她一面看着丈夫越来越激动，一面用一只手的拇指和食指用力按了一下眉毛下凹陷的部位。这是一个很明显的表现身心疲倦时常做的动作。

丈夫见此，突然闭上了嘴巴。妻子看丈夫不再说话了，便嗫嚅道：“对不起，你继续说。”之后，丈夫单方面的指责又继续下去。不久，妻子的那个动作又一次出现。

妻子的动作重复几次之后，丈夫便将嘴巴紧闭上，连一句话也不说了。

这样的情景是不是很熟悉呢？在影视作品中，在生活中，我们都见过或经历过。为什么回忆这些情景呢？因为在那个妻子的动作、态度中，隐含着用肢体语言来表达“不”的方式。

妻子始终没有说一个“不”字，只不过偶尔应和丈夫的激烈言辞。可是最后，丈夫却放弃了指责。出现这种结果，与她偶尔做的按眉毛下方的动作有很大的关系。

肢体语言的研究者认为，这种表示身体状况不佳的动作是向交谈对象发出否定的信息。比如转动脖子，用手帕擦拭眼睛，按眼睑，拍肩膀，按太阳穴以及上述按眉毛下方的一连串动作，都是身体发出的拒绝信号。

这些动作直接的用意是消除身体的不快感、疲劳感、倦怠感，同时，也可以说是在发出这样的信息：“你的话使我生理上疲劳、心理上倦怠，希望你早一点停下。”又可以认为这是在要求改变话题或者加快讲话的速度，至少它具有打断对方说话的作用。

当这些动作并非听者有意地做出来时，说者会无法应付。在上面的例子中，妻子一面做这个动作，一面赔不是，这里面有这样的意思：“我本想听你说话，无奈我的身体违反了我的意志，在表示它的不愉快和无法适应。”即使是有意地做出这种动作，对方对这种无言的拒绝也无可奈何。

此外，使用小道具转移别人的注意力，也可以增强你的拒绝效果。访谈的时候，如果觉得难以回答，有的人会清清嗓子或者调整坐姿，这其实就是一种化解对方攻势的技巧。当别人对你提出不合理的要求时，你可以摘下眼镜，以这个小动作为契机，关闭你的心扉。

一开始就说“不”，会使对方产生不快的感觉，所以在拒绝之前，最好摆出认真倾听的姿势。等谈到某一个阶段时，你就打开面前的报纸，以发出“你的话到此为止”的信号。对方起初不会察觉，而是会继续说下去，慢慢地，他会发现你应答的态度有了变化。你就趁着这个机会不经意地翻翻报纸，这一回，对方会很在意你手上的动作，注意力就集中到了你的手上。或者你可以翻一翻摆在面前的文件夹或者其他什么东西。

强化拒绝的动作当然不只以上所说的几种，还有诸如转头或转身，也是可以有效强化拒绝的常用动作。摊手、撇嘴、耸肩三个动作连续出现同样能够强化你的否定。对于这些动作，在拒绝的时候，你可以灵活地加以运用，必会收到良好的效果。

总而言之，当你想要表达拒绝的意思时，并不是只能使用口头语言，通过话语来表达否定的观点。运用肢体语言来表明拒绝，也是你的选择之一。在某些时候，巧妙地使用一些小动作，可以含蓄地向对方传递拒不接受的信息。这样做，能让对方知难而退，避免出现过于尴尬的场面。

## 杜绝不利于拒绝的行为

在强化自身拒绝力的同时，我们不能忘记减少自己行为上的破绽。在拒绝的过程中，我们要努力学会使用一些适当的动作，以增强我们的拒绝力。而与此同时，我们更要注意的是，尽量不要让那些不利于拒绝的动作出现，免得削弱我们的意志，给对方留下可乘之机。事实上，有些人的拒绝效果不好，并非不懂得拒绝技巧，很多时候，都是因为不太注意自己的不恰当动作，以至于让人抓住机会，攻破心防，最终导致拒绝行动的失败。所以在拒绝的过程中，一定要避免做不利的动作。以下是两种常见的不利于拒绝的动作。

### 1. 无节制地触摸自己的身体

在与人交谈的时候，有的人喜欢触摸自己的身体，一会儿摸摸头发，一会儿用手捏下巴，一会儿搓手指，似乎很不安的样子。倘若在约会时有这样的动作，表明你内心有些紧张，这是无可厚非的，或许会让对方觉得你性格有些软，但同时也会让人对你感到放心。可在表达拒绝的过程中，这种动作却是禁忌，应该尽量避免。因为这种动作会在不知不觉间透露出你内心的软弱和不安。如果你遇到了高明的说客，就很容易被对方看破这一点，这样就会引起对方高强度的话语入侵。

当人们内心软弱，感到不安的时候，就会不自觉地去触摸身体的各个部位。人一旦陷入窘境，其无意识的动作便会暴露出弱点来。

在公园里，我们看那些晒太阳的老人，会发现他们总是在不停地搓着双手。为什么会这样呢？他们这样做并不是因为寒冷，而是一种内心需求的反映：希望诉说寂寞和渴求交谈对象。对于这样的老人，如果你走近他们，他们可能会主动和你交谈，而且，他们的话往往会特别多，因为他们渴望交流。

心理学家认为，随时随地触摸自己的身体，其实是一种心理上的自我安慰。那些内心软弱、感到不安的人，通常会在交谈的过程中无节制地触摸自己的身体，一会儿摸摸鼻子，一会儿扯扯耳朵，一会儿挠挠头。当他们遇到自己不愿意接受的事情时，通常很难拒绝，即便说了“不”，声音也会比较小，缺乏气势。

人们在表现个人强硬形象的时候，不会随意触摸自己的身体。仔细观察电视上的政治家和企业家们，他们在发言的时候，动作通常都非常规矩。他们绝不会摸鼻扯耳，因为这些动作会暴露他们内心的软弱。他们会连续数个小时保持立正的姿势演讲，因为这样才显得有气势。

如果你需要拒绝，就要注意自己的动作，不要随便触摸身体的各个部位，以免给人留下软弱的印象，而导致拒绝力减弱。而内心软弱的人更应该不时反省自己是做着什么样的动作在说话。

### 2. 碰触对方递过来的东西

在大卖场，你是否看到过这样的场景：好奇地围拢过来的顾客们起初只是远远地站着看。叫卖者喊：“大家都过来瞧一瞧，看一看，走过路过，不要错过，东西好，价钱便宜，不好不要钱。太太，来拿去看看。”说着叫卖者拿起面前的一件商品，递给一位顾客。顾客接到手里摸了摸，看了看，然后把商品递给其他顾客。与此同时，四周的顾客争先恐后地拥向商品，各自拿起一个仔细地端详。

让顾客触摸商品，是极为常见的销售技巧。乍看这只是普通的销售方法，没什么特别的地方，其实其中包含了深刻的心理学知识。卖家将商品递给顾客的目的，并不是要顾客确认商品的好坏，而是要让顾客触摸商品，得到实实在在的感受，从而更容易接受商品。我们对没有亲手接触到的东西，总是会有所怀疑。纵使对象是物品，也容易使我们的心理状态发生改变。

想要拒绝的时候，这种体验的做法当然是禁忌。经常有这样的事情发生：原本无心购置的商品，因为拿起来试了试，便不知不觉地决定购买了。这种情况并不限于商品。

有一次，有位供销员前往客户那里洽谈，由于换衣服匆忙，以致把口袋里的钢笔遗忘在公司里了。当和客户开始洽商时，要核对文件，计算数据，他就不得不使用对方递过来的钢笔。对此，他感受到一种无言的亲近感，因而产生一种很难拒绝的心情。在接下来的交谈中，他做出了很多的让步。尽管不能确定就是因为接了对方的东西，但是他亲身体会了拒绝时的那种不好意思的感觉。所以如果你想拒绝对方，最好不要碰触他递过来的物品。

俗话说：“拿人家手短，吃人家嘴软。”接了别人的东西，当别人来求你的时候，就难免会不好意思拒绝他。这边刚刚接过对方的东西，那边就对他的要求表示拒绝，这样的事情怎么说得过去呢？

如果你收了别人的东西，一定要注意了解对方给你东西的目的何在，为了有利于拒绝，必要的时候，可以将对方所送的东西退还。如果涉及公事，退还礼品时，你可以告诉对方："感谢您的好意。不过，公司有规定，我不能接受这件礼物，必须将它退还给您。"如果是私人赠送，你不想接受对方的东西，可以简明扼要地说："这件礼物不合适，我不能收。"如果对方打来电话，要你做出解释，你可以更具体地做出解释："我们之间的关系还没有亲密到让我能接受这样的礼物。"如果对方坚持，你只需说："我已经解释过了，希望你不要让我为难。"

总而言之，尽量不接受对方的东西，无论是礼物，还是其他东西。如果你不接受对方的东西，对方直接将东西放在你的面前，一定要记住，即刻给对方送回去，千万不要耽误时间，免得引起不必要的麻烦。而且，你要防止对方将东西交给你之后就此消失，否则你便"退货无门"，不得不答应对方的要求。

# 第五章

Chapter Five

## 巧妙说“不”，有效且不伤人的拒绝术

拒绝他人是一种应变的艺术，而“有效且不伤人”又是这门艺术中的最高境界。不仅能让对方知难而退，还能让人心情顺畅，实在是一种高明的人生智慧。

## 委婉拒绝，给对方一个台阶下

做老实人，说老实话，这是没有问题的。但有些人一下子就走上了极端，干什么事情都不会转弯，一味地直着来，光想着自己要做“老实人”，根本不考虑他人的感受，这就不是正直，而是莽撞了。

事实上，即便你想做直率的人，也不妨碍你委婉地说话。言语是需要包装的，否则不雅观，会伤人，就像我们不能裸体出门，需要穿好衣服。拒绝的话也需要“穿衣服”，这“衣服”就是委婉。拒绝还是委婉一点好，因为委婉更有助于化解尴尬。

华歆是三国时期的名士，曹操听说华歆的名声，便让皇帝下了一道诏书，把华歆召至许昌任职。许多亲朋好友听说了这个消息，都赶来相送，他们带来了黄金和礼物。华歆不想收这些礼物，但是他又担心直接拒绝会让亲朋们不高兴，会伤害与亲朋之间的感情。于是他便暂时来者不拒，将礼物统统收下来，接着偷偷记下送礼人的名字。

然后华歆设宴款待众多亲朋，在酒宴即将结束的时候，华歆站起来对亲朋们说：“我本来不想拒绝各位的好意，却没想到收到这么多的礼物。但是，‘匹夫无罪，怀璧其罪’。我现在要单车远行，身边带着这么多贵重的东西很不安全，诸位想必不会让我冒险吧？”说着就将那些礼物拿出来，按照记下的名单，一一奉还。

亲朋们听出了华歆的意思，知道他不想收受礼物，却如此照顾大家的感受，心里对华歆生出一种敬意，便取回了自己的东西。

假使华歆当面谢绝亲朋们的馈赠，试想这么多人，不知道要婉拒到什么时候，也不知要费多少口舌，这样大家都会觉得扫兴，这该多么尴尬啊。而华歆只说了几句话，便退还了众人的礼物，既没有伤害大家的感情，又赢得了众人的叹服，真可谓一箭双雕。

华歆为什么能够成功地谢绝馈赠呢？这主要是因为华歆注意照顾别人的感受，他在拒绝亲朋时，找了一个理由，说带太多贵重物品不安全。亲朋们虽然也知道他是在故意推辞，但不会觉得不快，因为华歆拒绝的方式很柔和、很巧妙。

每个人都会说“不”，但怎样说“不”，需要费一番思量。如果能够做到不伤害对方，也不使自己为难，才是拒绝的上上策。为此，应该摒弃那种粗鲁的拒绝方式，采取一些更加委婉的方式。

丘吉尔不喜欢老把孩子挂在嘴边，所以他很少和别人聊孩子的话题。有一次，一位大使对他说：“温斯顿·丘吉尔爵士，您知道吗，我还一次都没跟您说起过我的孙子呢。”丘吉尔拍了拍他的肩膀说：“我知道，亲爱的伙伴，为此我十分感谢。”丘吉尔的回答非常委婉，但他拒绝的意思表达得很清楚。

同样的意思，用不同的方式表达出来，给人的感受是不一样的。你可以尝试着比较一下“我认为你这种说法不对”与“我不认为你这种说法是对的”，“我觉得这样不好”与“我不觉得这样好”。我们不难发现，尽管前后的意思是一样的，但在拒绝别人的时候，显然后者更为委婉，较易为人所接受，不像前者那样有咄咄逼人之势。

委婉的话用于拒绝中，可以很好地化解尴尬，可惜生活中有不少人不擅长用委婉的话来表达拒绝，结果经常带来一些不必要的麻烦。其实只要平时注意一点，掌握一些委婉拒绝的技巧，完全可以消除这些尴尬。以下是几种委婉拒绝的技巧，可以学习和借鉴。

### 1. 试着先同意

这看上去似乎有点自相矛盾，其实并不是。这样做的好处在于，你可以很快消除拒绝的尴尬。有人邀请你周末去郊游，而你周末早已有了安排，怎样委婉拒绝他呢？你可以说：“郊游？太棒了！我早就想和你一起好好到郊外玩玩了，可是……”由于你对没有答应他的要求表示了遗憾，他虽遭到拒绝，但还是会理解你的。又比如，别人要给你的工作加码，你拒绝时，可以这样说：“没问题，但是现在我手上的活儿就像一座座山一样。你能不能过一个月左右再来找我？”这种回答表面上没有断然地拒绝，而是把主动权交到对方的手中，实际上已经婉拒了对方。

### 2. 敷衍式回答

把矛盾引向另外的地方，告诉对方“我不是不帮你，而是我帮不了”。例如，有人托你办事，你不好当面拒绝，便可以说：“我不是这个项目唯一的负责人。你说的这件事，需要大家讨论，才能决定。不过，这件事恐怕很难通过，最好还是别抱什么希望。如果你坚持，待大家讨论后再说吧，我个人说了不算数。”对方听到这样的话，通常就会无奈地说：“那好吧，既然是这样，我也不难为你了。”

3. 答非所问

对方说：“此事您能不能帮忙？”你可以说：“我一会儿要去参加一个重要的会议。”这种答非所问的话，要比你直接说“不行”好得多。对方会从你的话语中感受到，他的请托得不到你的帮助，只好采取别的办法。

4. 引用名言来拒绝

写文章时我们经常引用名言，其实拒绝时，也可以用一些名言。这种办法的好处很明显，既增加了说话的权威性与可信度，又省去了许多解释和说明，还富有感染力。有一个例子可以说明。

东汉光武帝刘秀的姐姐湖阳公主死了丈夫，她看中了朝中品貌兼优的宋弘。一次，刘秀召来宋弘，以言相探：“人地位高了，就改换自己结交的朋友；人富贵了，就改换自己的妻子。这是人之常情吗？”宋弘知道皇帝的意思，但他非常为难：应允，对不起妻子；含糊其辞，会招来麻烦；直言拒绝，则有冒犯之嫌。于是他委婉地表达了拒绝的意思：“我听说有句古语，患难之交不可忘，糟糠之妻不下堂。”

### 5. 使用商量的语气

在拒绝的时候，你想让自己的话听起来委婉，可以采用商量的语气。比如，有人邀请你参加聚会，而你有事缠身无法接受邀请，则可以这样说：“太对不起了，我今天的确太忙了，下个星期天行吗？”这句话要比直接拒绝别人好得多。

## 幽默拒绝，给对方留面子

想化解拒绝的尴尬，最好的方式莫过于使用轻松的幽默，特别是轻松的自嘲式幽默。这种幽默方式，能让对方清楚地感受你的拒绝，而又不会显得太激烈。对方听后可能会哈哈大笑，在这样一种欢乐的气氛中，尴尬早就不知去向。

美国前总统林肯口才很好，在拒绝别人时，也能收放自如地使用幽默。有一次，有位女士闯进白宫，理直气壮地要求林肯给她儿子一个上校的职位，因为她的祖父、父亲、哥哥都曾投身军队，为国效力。

林肯耐心地听女士讲完这一切，对她说："夫人，你们一家三代为国服务，对国家的贡献已经够多了，我深表敬意。现在你能不能给别人一个报效国家的机会？”

如此拒绝，对方听了，何来尴尬呢？紧张的气氛，被一句幽默的话化解了。幽默让人感到快乐，而快乐的气氛是超强的润滑剂。在谈笑之间对别人说“不”，不仅气氛轻松，还能顺利达到拒绝的目的。为了避免他人对拒绝反感，你不妨将幽默表现出来，化解尴尬，消除隔阂。当然，幽默不能随便用，一定要掌握基本要点，否则，不但无法消除尴尬，还有可能制造尴尬。

首先，我们要知道采用幽默拒绝的目的是什么，不仅仅是想要拒绝，还想营造活跃的气氛，让人放松。要达到这样的效果，就一定要有一颗活泼、快乐而自由的心。压抑的心说出来的笑话是充满苦味的。特别是在拒绝的过程中，如果你的心压抑着，是难以幽默的。所以你的心应该活跃起来，那样你说出来的话语才能感染人。

当你觉得气氛压抑和紧张的时候，可以通过轻松诙谐的话语讲述一个精彩的故事。如果你想要拒绝，也可以在这诙谐中加入反问，这样做既避免了对方的难堪，又转移了对方被拒绝的不快。比如在谈判过程中说：“如果贵方坚持这个进价，那你们能为我们准备过冬的衣服和食物吗？总不忍心让员工饿着肚子为你们干活吧！”这种话语虽然很简单，但它很动人。根据对方的要求或条件推出一些荒谬的、不现实的结论来，自然进入否定模式，这样能有效化解尴尬，缓和气氛。

在生活中我们拒绝他人，同样需要这样的轻松。特别是别人要求你帮忙的时候，你如果不能施以援手，就要尽量给人心理上的安慰和放松。如果你的幽默不合理，很可能让人觉得不舒服。相反，如果你的言辞幽默，让人轻松自在，能够快活一笑，即便拒绝，也不会出现尴尬。

其次，我们可以学习一些修辞手段，以提升自己的语言表达能力，特别要注意学习使用幽默的比喻。合理有趣的比喻能够吸引人，也能让人更加容易理解你所表达的意思。擅长使用比喻的人不仅是写文章的高手，也是说话高手。

有人想让庄子去做官，庄子不想去，但他没有直接表示拒绝，而是打了一个比方：“你看到宗庙里被当作供品的牛马了吗？它们尚未被宰杀时，披着华丽的布料，吃着最好的饲料，的确风光，但一到了宗庙，被宰杀作为牺牲品，再想自由自在地生活，可能吗？”

庄子没有正面回答，却用了一个很贴切的比喻表明自己的态度，这就是拒绝的智慧。

再次，学会偷换概念，适当地制造冷幽默。冷幽默很流行，充满力量，就像是语言中的软刀子，扎人不疼但效果好。

美国前总统威尔逊也会冷幽默。在担任新泽西州州长时，有一次，他接到一个电话，通知他本州的一位议员——他的朋友去世了。威尔逊深为震动，立即取消了自己当天的一切活动。几分钟后，他接到了新泽西州一位政客的电话：“州长，我希望代替那位议员的位置。”威尔逊说道：“好吧，如果殡仪馆同意，我本人完全赞同。”那人听后笑了起来，被拒绝的尴尬一扫而空。

最后，幽默拒绝一定要有一颗宽容的心。无论你怎样做、做什么，总是不能少了宽容的态度。唯有保持宽容，你才能镇定自如地应对，不会乱了方寸而胡言乱语。拒绝更需要宽容，因为我们不知道自己的拒绝会不会让对方暴跳如雷，如果拒绝惹怒了对方，我们要稳住自己，宽容以对。宽容的态度会让被拒绝的人感受到你的友好，这样才能化解拒绝带来的尴尬。

运用幽默含蓄的方法拒绝别人，在通常情况下很有效，既能拒绝对方的无理请求，又不至于伤害对方的面子和自尊。

## 心理补偿手段，消除被拒者的失落感

19世纪英国首相迪斯雷利很有智慧。有名军官，请求狄斯雷利提名他为男爵。迪斯雷利知道此人才能超群，也很想跟他搞好关系，但他不满足封爵条件，迪斯雷利无法答应他的要求。于是，迪斯雷利把军官单独请到办公室里，对他说：“亲爱的朋友，很抱歉我不能提名你为男爵，但我可以给你一件更好的东西。”

军官疑惑地看着狄斯雷利。这时迪斯雷利放低声音说：“我会告诉所有人，我曾多次请你接受男爵的封号，但都被你拒绝了。”

这个消息一传出，众人都称赞那名军官谦虚无私、淡泊名利，对他的礼遇和尊敬远超过任何一位男爵。军官由衷感激迪斯雷利，后来他成了迪斯雷利最忠实的伙伴和军事后盾。

拒绝是没有问题的，我们要考虑的是拒绝之后的事情，特别是如何安慰对方。因为在拒绝面前，每个人都会觉得空落落的，很不开心。如何填补这种失落的空白，是我们需要考虑的事情。

在人的心理机制当中，心理补偿效应的影响十分明显。出于心理补偿的考虑，人们常会有自我吹嘘的行为。比如人们在面试或项目谈判的时候，为了减少自身的焦虑，往往会夸大自己的能力和身份，甚至大包大揽。这种自我吹嘘其实也是为了弥补落差，在心理上达到理想自我的境界，也是出于显示自我、获得别人关注的目的。

换句话说，人们为了增强自信或减少自身的焦虑，会经常性地说一些大话。可以这么说，借说大话来增强自信，减少恐惧与焦虑，这是常见的行为。了解这一点，就可以试着通过弥补对方的心理空白，来化解拒绝后的尴尬。

尽管心理补偿效应被认为能够有效调节心理，但它并没有真正为人们所掌握。心理补偿效应其实是一种潜意识行为，没有多少人会意识到它的存在。一旦遭遇拒绝或失败，这种效应的影响就会清楚地表现出来。

有的人面试失败后会说：“那家公司看起来就不怎么样，即使录用我，我也不会去！”有的人未通过精英选拔则称：“那里培训出来的人将来要承担很重的责任，工作压力又大，没什么意思。”

有的人向心仪的人表白，被拒绝后，却说：“别看她长得漂亮，其实冷冰冰的，不是个温柔的人。”

有些人没能被大企业相中而只能进入一家小企业工作，他们就说：“在这里工作，自己很被看重，比在大企业里有更多的机会。”

如此种种，其实都是心理补偿效应在作祟。与其让对方因心理补偿需求而对我们心生怨恨，我们不如在拒绝之后，主动去补偿对方，化解双方之间的尴尬。

如果不能满足对方提出的要求，则可以帮助对方做力所能及的事情，以作补偿。本来拒绝是挺尴尬的，但你要是这样做了，对方心理得到补偿，原本的不满也会得到缓解。哪怕你不能帮对方做某些事情，也可以给人以安慰。

比如，你可以提供某些建议。对那些心急火燎，急于找到解决方案的人来说，他们往往只看到其中一条道路。假如对方走的是“向我们求助”这条路，而我们又觉得这条路实在行不通，那么不妨向对方提供另一条可行的道路。例如：“对于刚才你说的这件事，我恐怕无能为力。不过我有另外一个建议，你不妨试试看……”

如果对方能够接受我们提出的建议，那么自然是皆大欢喜；如果对方不肯接受，那么我们无法帮忙也在情理之中，这样拒绝起来就有理有据、顺理成章了。

有补偿地拒绝，这样才能表现出你的诚心和诚意，避免让人心里留下疙瘩。因为你的拒绝可能会给请求者造成一些麻烦，影响他的计划的实施，甚至使他的计划搁浅，所以应该努力为他提供一些其他的办法，这样能够有效减轻对方的挫折感和对你的怨恨心理。如“要是明天的话，我大概可以去一趟”或“我可能没办法帮你，不过你可以去财务部，或许他们有办法”之类的话，向对方表达你愿意帮他的诚意，缓解尴尬的局面，从而赢得对方的好感。

## 用“这是我的原则”来回绝

有些人无法拒绝，是因为自己的原则性不够，如果一个人没有原则，总想迎合他人，那他就不得不勉强自己去做不喜欢的事情。所以要提高自己的拒绝力，就不能没有原则。

1986年，哈佛大学举行建校350周年庆典，学校打算邀请里根总统来演讲。里根总统听说此事非常高兴，但他提了一个要求——希望哈佛大学能够授予他荣誉博士学位。这个要求让校长很头疼，便将此事提交哈佛大学董事会进行讨论。

很快董事会做出了决定，他们给里根总统回了一封信，信中写道：“尊敬的总统先生，很抱歉，我们不能答应您的要求。我校的学术称号只能授予那些在学术上获得非凡成就的人。个人的身份和地位既不是障碍，也不是台阶，作为哈佛大学董事会的成员，我们有维护本校学术声誉尊严的权利。”

里根看到这封信后感到很失望，也没有脸面去参加校庆了。这本来是一件很尴尬的事情，却被传为佳话，让哈佛大学的名声更响。因为在人们看来，哈佛大学有原则，不因对方的身份而放弃自我的尊严，义正词严地拒绝了总统的要求。

立校如此，做人也该如此。坚持自己的原则，不仅可以帮助我们保持自我的独立性，还能让我们的拒绝力大大提高。如果自己的做法是对的，就算别人指责、议论，甚至压迫我们，也不应改变。

有原则，首先就是不能做墙头草。没有原则的人就好像随风倒的墙头草，总是顺从、屈服于他人的意志，而放弃自己的行事原则。有的人会以变通为借口，来改变自己的行事原则，去迎合他人的要求，实际上他只是内心怯懦、不敢拒绝罢了，找借口是为了掩饰自己不能坚持原则的窘态，消除内心的尴尬和不安。

其实每个人内心都有自己的原则，差别在于，有的人会极力坚持自己的主张，而有的人则会随时根据他人的需求去改变。

当然，这两种类别的人，在生活中并非泾渭分明。真正有所成就的人，既善于变通做事，不拘泥于成法，又能坚持自己的原则，不会轻易改变自己的决定。对他们而言，变是为了不变。各种变化都是为了实现不变的目标。而要保证目标不会变化，最重要的就是坚持自己的主张和原则。否则，很容易走向失败。因为放弃自己的主张，就无法掌控自己的行动，进而失去最终的目标，在这样身不由己的情况下，毫无把握，怎能获得成功呢？

有一段时间，校园青春小说特别火爆，有一个作家为了迎合市场潮流，准备写一部青春小说。然而创作开始不久，作家风闻市场风向有了变化，商战小说开始火了起来，于是他连忙改变写作方向，开始写商战小说。没想到他写了一段时间，消息又来了：商战小说太泛滥了，人们已经产生审美疲劳，市场开始萎缩，人们都去看言情小说了，言情小说的销路特别好！不必说了，赶紧写言情小说吧。作家再次转向，可是还没等他落笔开始写，编辑就打电话来了：“老师，您能写科幻小说吗？科幻小说好卖啊！”

这故事是不是很熟悉？在我们的工作中，有时就会遭遇这样的事情。

反思一下，工作的时候，自己有没有无原则地行动？是不是在随着上司的思想转动，上司说改就改，没有自己的主张和坚持？如果有这样的情况，那就要警醒了。如果你不能坚持自己的原则和主张，始终不懂拒绝，那么你的工作和生活将失去秩序，变成一团糟。你会在别人的指指点点下陷入没有价值的苦劳中，而功劳也会在无原则的改变中失去！如此一来，你如何证明和实现自己的价值呢？

记住，也许有人会为你的无原则起哄叫好，但没有人会为你的无原则支付代价。从你屈从于他人，丢弃自己原则的那一刻开始，你的拒绝力就慢慢地丧失了。一个人没有原则的支持，又怎么可能有坚实的拒绝力呢？所以坚持原则，如果对方强压，你完全可以说出你的主张和理由，理直气壮地告诉他说："不行！"

# 第六章

Chapter Six

# 这样拒绝，让人感觉很“温暖”

对于被拒者而言，遭到拒绝终究是一件让人失望的事，所以他心中很可能产生不满甚至怨恨的情绪。如果拒绝者的态度和表达方式能够让人感觉“温暖”一些，那么被拒者的心情将会好很多。

## 恰当合理的解释让对方心安

人一旦有了勇气，要拒绝他人其实很容易，这个时候拒绝已经不是问题，问题在于如何更好地拒绝——努力让对方认同和接受你的拒绝。

你不缺乏拒绝的勇气，但不懂得拒绝的方法，结果“不”字一出口，对方不能认同，以为你不愿意帮忙是因为你不够仗义，没有人情味儿，如此一来，你的形象就会受损。为什么会出现这种情况呢？根据调查，主要是因为欠缺理由。

在很多时候，我们习惯于只用一个“不”字，使对方“打道回府”，我们认为这样拒绝会更加直接有效。事实也是如此。但是这样做很可能会让人感到很难受，甚至会就此对你心生猜疑和埋怨。为此，我们就要学会在拒绝后加上合情合理的解释，通过说明我们拒绝的原因和不得已的苦衷，使对方明白我们的拒绝并非随意而为，绝对没有不尊重对方的意思，这样做能够让人感受到我们拒绝时的慎重态度。

有个女孩要和男友分手，她想来想去，觉得还是快刀斩乱麻比较好，于是她找到男友，直截了当地告诉对方：“我们分手吧！”男友很吃惊地问：“为什么？”女孩很干脆地说：“没有为什么！我就是要分手！”

对于这个回答，男孩很不理解，怎么可能没有原因呢？男孩心里非常痛苦、难受，但是无论他如何询问，女孩就是不愿意解释，结果男孩一直瞎琢磨：“我是不是哪里做得不好，让她讨厌了？还是她看上了其他人，做了负心人？又或者有其他自己不知道的原因？”男孩的脑袋里冒出了各种各样的想法，但他始终不能确定是什么原因，这让他的心长久处于不安状态。

就因为这样，原本很洒脱的男孩，慢慢变得特别执着，他一次又一次找到女孩，一遍又一遍地问她：“为什么？到底是为什么？”对于男孩的行为，女孩心里感到从未有过的厌烦。他竟然变得如此缠人，这是女孩始料未及的事情。她不知道自己的做法有问题，反而觉得男孩的性格有问题。于是她的脾气也上来了：就是不解释，看你能把我怎样。

于是男孩的负面情绪不断升级，由不甘到不安，再到怨气丛生，感性的冲动、偏执完全战胜理性，使他走向歧途，变得十分极端。两人爆发了前所未有的争斗，之后，男孩向他爱的人举起了一把刀……

感情中的事情，我们每个人都会有这样的体会：由于过于感性，有时会变得偏执起来，变得爱耍小性子，不愿意解释自己这样做是为什么。

实际上，在爱的时候，我们希望对方的爱没有理由；而不爱了，我们则很需要一个理由、一个解释。就欠一个小小的解释，最终酿成一出大悲剧，实在很不应该。

其实不只感情上的拒绝需要理由，其他拒绝也同样如此，因为被拒的心需要理由来填补。

某领导对下属说：“不要找理由，就问你一句，能不能做？”下属答：“不能！”领导怒道：“为什么？”下属疑惑：“您不是说不要找理由吗？”领导道：“不找理由，不代表没有理由！”

这说明，在被拒绝之后，人们都希望得到合理的解释。你可以不找理由，但不代表对方不需要你的理由。

解释非常必要，特别是在你的拒绝让他人沮丧的情况下，一个充分、合理的理由能够让痛苦的人心里得到某种补偿。所以千万不要忘记为你的拒绝找一个充分的理由，找一个合理的解释。

有的人拒绝别人的时候，从没想过解释什么，而是认为，既然已经拒绝了对方，讲再多的理由都是没有用的。有这种看法的人非常多，特别是在工作中，有些领导总是对下属说不要找理由，但如果没有理由，他们又会特别生气。

在拒绝时，不找理由的认识是错误的。无论你是怎样拒绝的，解释都是必要的，一个充分的理由，能够使你的拒绝更容易为人所接受。

拒绝的解释不但十分必要，而且理由必须充分、合适。有个小故事很有意思，正好可以拿来说明一下充分、合适的理由之重要性。

有一只狐狸某天想出门游玩，它向邻居黄鼬发出了邀请：“你看这天气不错，我们出去走走吧？”黄鼬说：“大夏天的，这么热，有什么好玩的？再说我也不想和你走得太近，你难道不知道自己有狐臭吗？”狐狸大怒：“不去拉倒，我身上臭，难道你就很香了吗？你个臭屁王！”

黄鼬拒绝狐狸的邀请，理由倒是很充分，可惜太不合适，结果惹狐狸不高兴。

所以，拒绝的理由很重要，而一个充分的好理由更重要，千万不要忘记为你的拒绝找一个合理的解释。对方的脑袋有一个空白，等着你去填补，对此，你要认真对待，千万不要偷懒，不要不屑一顾，将这个空白留给对方去填补，那样的话就会产生误会和猜疑。而一旦对方因为你的无理由拒绝而产生疑虑，他对你的好感和信任也就会在误会和猜疑中消磨殆尽。

记住，在遭遇拒绝时，每个人都会瞎琢磨：我是不是哪里做得不好？如果不是，那就是对方瞧不上我。而且，被拒绝之后心情不好，想法就很容易往歧路上发展，胡思乱想，猜疑和误会便随之而产生。开始的时候怪自己做得不好，接着就是怪别人太傲慢，没人情味，总之就是心里有怨气，没有疏导出来。这个时候，你要帮助他疏导心里的怨气。如果你能够做出解释，你所说的理由就会在对方的头脑里建构起固定的印象，虽然他不一定会相信，但他一定会感到一丝安慰，至少他的怨气会少很多。

## 找到一面合适的“挡箭牌”

每个人都希望找到两全其美的拒绝办法，既能有效拒绝对方的请托和要求，又能不伤害对方的面子和自尊，维护彼此之间的友谊。要达到这样的效果，你就要为自己的拒绝找到合适的“挡箭牌”。

在拒绝别人的请托时，显而易见的客观条件，如工作忙碌、时间不允许、身体状况欠佳等，是可以明确告知对方的。例如：“我必须把明天的演讲报告赶出来，实在没时间帮你。”“我现在正赶着去外地出差，帮不上你的忙。”这样的拒绝理既诚恳又真实，足以让对方放弃对你的期望。

但如果是一些主观因素，说出来不仅让对方难以接受，还会破坏双方的交情，甚至引发对方的怨恨和不满，最终导致人际关系破裂，使双方陷入尴尬的境地。

“挡箭牌”很重要，应该予以重视，切不可任性行事，如果把某些令人尴尬、羞愤的大实话说出来，拒绝就会演变成闹剧，那很容易伤害他人的尊严。所以一定要为自己的拒绝找个合适的“挡箭牌”。如果你的头脑不够灵活，那就不妨事先准备一些“挡箭牌”，等到需要拒绝的时候，便可以随时拿出！在生活中有些常见的“挡箭牌”，看似简单，效果却不错，可以参考。

### 1. 用“制度”做借口

一位普通职员工作两年后，觉得自己应该涨工资了，便找经理商量：“经理，我想我应该涨工资了……”“你的工资的确应该涨了，”经理微笑着点头，然后用手指了指办公桌上的一张卡片，不慌不忙地说，“但是根据本公司的职位工资制度，你的工资已经是你这一档中最高的了。”职员泄气了：“唉，我忘记我的职位级别了！”

一个简单的理由就使这位员工放弃了加薪的请求。他心里或许在想：拿多少工资是由公司的制度规定的，我怎么可能推翻公司的制度呢？

### 2. 用“别人”做借口

尹先生在一家电器商场上班。一天，他的一位朋友来买笔记本电脑，看遍了商场里陈列的样品，也没找到令自己满意的。最后，他要求尹先生带他到库房里去看看。尹先生不好直接拒绝朋友，只好微笑着说：“前几天商场经理刚刚强调过，任何非商场工作人员都不能进入库房。”尽管尹先生的回答让朋友心中有些不悦，但这种用“别人”做借口的拒绝，总比直接说“不行”要好得多。

类似的拒绝言语，如“我做不了这个主”“这件事不是我负责的，我没有权限”“我们领导希望亲自过目，不好意思，我做不了主”等，都是用“别人”做借口的理由。以自己无权做主来拒绝，表示的是一种无奈，而对于我们能够做主的事情，则要换一种思维来拒绝，这需要我们强调自己的原则：“我要为自己的选择负责，所以我有权拒绝这个要求，请你尊重我的选择。”

### 3. 用急事做理由

每个人都有自己的私人事情和分内的事情要做。当别人向你请求帮助的时候，你可以把自己的事亮出来，告诉对方你也有紧急的事情要处理，很遗憾不能帮他的忙。同时，你还可以这样说：“这次实在是不好意思。下次你再需要帮忙的时候，提前和我打一声招呼，我一定尽力帮忙。”如此真实而坦诚的拒绝，不但可以让自己成功地脱身，而且不会伤害到双方的友谊。

### 4. 开会是个好理由

对于这个理由，女性朋友应该会觉得很耳熟，因为她们经常会听到这话从自己的伴侣口中说出来。开会确实是很好的拒绝理由，但是这个理由不能常用，用多了，会消磨彼此之间的感情。

### 5. 以身体不适为理由

作家刘绍棠先生晚年身体不好，但是拜访他的人很多。为了谢绝各种打扰，他就在自家的门上贴了一张字条，上写：“老弱病残，四类皆全；医嘱静养，金玉良言。上午时间，不可侵犯；下午会客，四时过半。人命关天，焉敢违犯；请君谅解，大家方便。”落款是刘绍棠。

来拜访先生的人，见到这张纸条，都很体谅先生，如果不是极为重要的事，便不敢来打扰先生的静养。

身体不适，也许是最好的拒绝理由，当然也是被人用得最多的理由。有道是“身体是革命的本钱”，身体不好，这是无可奈何的事情，没人能够勉强你去拼命。你为自己拼命，那是合情合理的，但若对方勉强你为他的事情去拼命，则未免过分了一些。但凡有恻隐之心的人，都不会不顾及他人的身体健康而强求他人做事。而谁会去做那残忍的、没有恻隐之心的人呢？

这个理由虽然好，但如果用得太多，效果会逐步下降。你经常以身体不适为理由，就意味着你的身体不好，没有哪个公司的老板会喜欢病怏怏的员工。如果你对老板常说这个理由，他觉得烦了，也许会考虑换一个健康一些的员工。所以这个理由虽然很好，让人认同，但是它的缺陷也十分明显，使用时要慎重一些。

## 倾诉苦衷，让求人者知难而退

有时你会发现，生活中有很多请托者通常会采取诉苦这个方法来博取同情，让我们无法拒绝。其实这个方法也可以反过来用，当对方向你诉苦，博取同情，并向你提出请求的时候，你也可以诉苦——和他比一比谁更苦！

你知道业务员最怕听到客户说什么吗？最怕听到两个字——没钱！即便是再好的产品，再符合客户的需求，但只要一说“没钱”，就足以让业务员打退堂鼓。同样，一个求人者最怕听到所求之人说：“我更苦！”所以，当你找不到更好的理由来拒绝别人的不合理要求时，不妨耐心地向对方讲讲你的难处和苦衷。

要拒绝时，有什么难处、苦处，都说出来，千万不要客气。只要说出你的难处，不必要求对方体谅你，对方已经到了嘴边的请求也不得不咽回去。诉苦会让人同情，无论听者做何反应，恐怕请求的话都难以出口。

一些人自恃勇力，不愿诉苦，结果成为他人依赖的对象。这当然很好，可以证明一个人的价值，但是他也容易成为请托者们的头等求助对象，从此陷入各种麻烦中。总是表现自己的强大，有时会不利于你的拒绝。记住，我们不是超人，有艰辛和难处，适当地表现自己的脆弱，会让你的拒绝更真切。

琳达的一位同事离职了，本来需要三个人完成的工作就落到了她和另一个同事身上。那个同事的孩子小，琳达不得不多承担一些工作。为了按时完成任务，她经常加班加点。后来她实在扛不住了，就找老板倾诉自己的压力，要求加派人手。

老板听了琳达的诉苦，很惊讶地说："我一直以为你们人手够了呢，你怎么不早说呢？"一个星期之后，新人到位，琳达终于不需要加班了。

琳达的事情并非个例。大量事实证明，积极、有目的性的诉苦是非常有效的沟通方式，尤其是在拒绝的过程中，往往能够发挥特别的作用。由此看来，诉苦其实是一种能力，一种特别的方法。在诉苦的时候，要做到不夸张，不矫揉造作，通过真实具体的倾诉，来达到让人动情的目的。

直截了当地说“不”过于生硬，很容易使对方尴尬、难堪、没面子，这样会影响双方的友谊。换成诉苦的方式，通过表现自己的柔软来拒绝，可以有效消除负面影响。如果你能够运用诉苦的方式来拒绝对方，对方不但不会觉得没面子，反而容易理解你，甚至会有同病相怜的感受，使双方的感情更好。

需要注意的是，诉苦一定要有耐心。如果没有耐心，怀着强烈的抵触情绪，就很容易烦躁地拒绝他人，这样的话，即便你的理由是真实可信的，也会让人觉得很不舒服。

老张是一家公司的中坚干部，最近公司让他负责一项职责以外的工作，弄得他头昏脑涨。由于老张是第一次接触这样的工作，所以他不明白的地方有很多，这样一来，就导致了工作进度十分缓慢。偏偏在这个时候，上司又委派他去外地参加一个业务研讨会。

老张心里本来已经够烦躁了，这下更激发了他的抵触情绪，于是他不自觉地用比较激动的口吻拒绝说："不行，不行，您找别人吧！这么多理不清的事情，让我焦头烂额的，现在根本就没时间参加什么研讨会！"

听到下属这样跟自己说话，上司的心情很不好，怒道："好吧，那以后就不麻烦你了！"

老张被诸多杂乱的事情影响了情绪，失去了对自己情绪的把控，结果在不经意间伤害了别人。这应该引起我们的注意，一定要时刻保持耐心。

当别人向我们求助或要求我们去做某件事时，即使我们真的无能为力，也要控制自己的情绪，然后委婉地拒绝对方："真对不起，我真的很想帮你，可是我的确无能为力……我自己正处于水深火热之中，无法顾及其他。"这样一番话，入情入理，可谓恰到好处。

当然，无论我们怎样为诉苦辩解，都无法改变它的负面影响，所以在诉苦时一定要明确自己的目的。诉苦也好，抱怨也罢，都不是目的，只是手段和技巧。记住，我们诉苦的目的是拒绝，切不可为了诉苦而诉苦。

诉苦并不能表明你就是一个弱者，从上述的说明可知，它实际上是一种很好的拒绝方式，一种很好的自我保护的方法，一种很好的心灵沟通的技巧。同时，它也是一种很好的心理调节办法，能够有效地帮助你释放内心的压力。

## 因为“爱你”，所以拒绝你

有个小丫头才4岁大，特别有趣。别看她小小年纪，却十分聪明，已经会为自己的懒惰找理由了。某天早晨，小丫头醒得比较晚，醒来之后，她不想起床，也拒绝洗脸。

妈妈试图说服她：“你洗完脸，妈妈和你一起看《喜羊羊与灰太狼》，好不好？”小丫头摇摇头，看着妈妈一本正经地答道：“我不看电视，太伤眼睛了。妈妈，你也不要看，我是为你好。”这个小丫头是不是很有趣？她竟然会说这样的话，搞得妈妈哑口无言，愣在那里，弄不清楚：这到底是谁为谁好？

到底是谁为谁好呢？没有答案。事实上，这也不是我们所关注的，我们感兴趣的是小丫头拒绝妈妈的那个有趣的理由：“我是为你好。”这话是不是很耳熟？我们的记忆里，都少不了这句“我是为你好”，真是太熟悉了！回忆一下小时候，每当爸爸妈妈或其他长辈要求我们接受教导时，便会这样语重心长地说。在我们做错了某事，受到父母的责罚之后，他们也不忘用这样一句话来消除我们心中的怨念。

现在的我们自然明白父母教育子女的苦心，不过在那个时候，我们可没那么聪明，许多道理都不懂，所以心里常会觉得纳闷：“打我骂我，是为我好；不顾我的感受，也是为我好。那到底怎样才是不为我好呢？”

那时候我们心里虽有疑惑，不能理解，但我们还是会强迫自己去理解：“既然是为我好，我怎么能任性地拒绝对方？这样岂不是不知好歹吗？”因为我们都不想做“不知好歹”的人，于是在一次又一次的教育中，我们接受了“我是为你好”这个理由。

每个人的头脑中，都有这样的烙印：对于为我好的人，一定要认真对待，诚恳地接受他的要求，而不能任性拒绝。同时，我们也逐渐学会了使用这个理由，以便更好地让他人接受我们的要求。

让人接受要求时，“我是为你好”已经成为人们常用的理由。然而许多人不知道的是，其实这个理由也可以用于拒绝。开头故事里的小丫头的示范就很有启发意义，值得我们借鉴。事实告诉我们，接受和拒绝实际上是不可分割的。当你拒绝某件事时，实际上是接受了另一件事情，反之亦然。拒绝他人的同时，你应该帮助对方去发现，其实他可以接受另一种更好的建议——一定要让他接受你的解释，告诉他，你真的是为他好。

“我是为你好”的威力为什么如此强大？主要原因在于这一理由的立足点是“爱”。换句话说，我是为你好，本质上就是以爱之名行事。“爱”，岂非这个世界上最好的理由？因为爱你，为你好，所以要拒绝你。

我们知道，拒绝会给人带来打击，一个人被拒绝时，轻者会焦虑烦躁，严重的会悲愤绝望，会觉得世界上谁都跟他过不去。所以在拒绝不合理要求时，我们可以以爱为名，这十分重要。

对方请你看护孩子，你想拒绝，便可以这样说：“我很想帮你这个忙，不过我有事情，确实没有时间。虽然我不能帮你，但是我还是要给你提一个建议，你还是尽量自己看护孩子比较好，一方面比较放心，另一方面我觉得父母和子女多相处，有利于感情的交流。”从对方的利益出发，才会更具说服力，让其感到你是在真心实意地为他着想，而不是故意推诿。如果你的说法合情合理，打动了对方，对方不但不会记恨你，还会从内心深处感谢你。

## 卖个破绽，真实的自己更有拒绝力

当我们为自己的拒绝找理由的时候，应该清楚地知道：没有完美的理由，任何解释都是有破绽的。所以不要去追求完美的理由。只要这个理由合适，并具有真实性，就可以拿来使用，即便存在破绽，也可以弥补。过分执着于完美的理由，势必会削弱拒绝的效果。你会因为没有好理由而变得犹豫不决，不敢说“不”。

我们必须承认这样的事实，任何理由都能被反驳，特别是一些临时想到的理由，可能对方只要说一句话，转眼之间，你的理由就形同虚设，变得毫无作用。

比如，有的人习惯用这样的理由拒绝推销员：“我现在没有空。”这理由听起来很不错，但是推销员只要说：“那您什么时候有空呢？周末有空吗？我们可以细聊。”又或者说：“没关系，我等好了。”

又比如，有人会说：“没钱。”这似乎也是很好的理由，可是老练的推销员会半开玩笑地说：“没关系，钱以后再付好了。”一句话就将你的理由化解了，然后将你逼入死角。

为什么会如此呢？因为你并没有深入思考过这些理由，一旦被人反驳，就很容易哑口无言，无法继续说下去。

这个世界上没有完美的理由，所有的理由都会有破绽，都会被反驳。重要的不是理由，不是破绽，也不是反驳，而是你灵活的头脑。如果你能够随机应变，那么即便找了一个很烂的理由，有着各种各样的破绽，同样可以让人信服。

这就像下围棋一样。有的人说最好的围棋是没有破绽的，可是事实上这种所谓的没有破绽的围棋从来就没有出现过，所有的棋局都会有破绽，所有的棋手也都会有破绽。

所以，找理由的时候，别太纠结了，适当地卖个破绽吧。卖个破绽，其实就是示弱的战术。拒绝的理由也可以卖个破绽，让对方抓住机会反驳，然后你再补充说明。

比如前面“没有空”的理由被人反驳之后，你可以告诉对方：“你也别等了，你这样干等我，会让我感到歉疚和为难，我不喜欢这种感觉。你要是有这方面的资料，可以发一份到我的电子邮箱里，我有时间就看看，如果有需要，我会找你的。你现在不需要跟我讲那么多，这会浪费你我的时间，因为我是一个成年人，懂得判断和选择，我想我自己可以决定是否需要你们的产品。现在，希望你不要打扰我。”

而“没钱”的理由被反驳之后，你可以告诉对方：“那岂非寅吃卯粮？我不习惯这样的生活方式，这会让我感到不安。”

卖个破绽，以退为进，可以让你的拒绝理由变得更加充分，还可以化解尴尬。

有一位顾客到某商店退一件高级衬衫，她声明这件衣服没有穿过，主要是她丈夫不喜欢。但是营业员发现这件衬衫有污痕，便说：“按照我们公司的规定，衣服已经穿过了，是不能退换的。”顾客一听，不肯承认，大声嚷嚷：“哪里穿过啊？哪里穿过啊？我根本就没有穿过这件衣服。”

营业员没有和对方争辩，而是选择了退一步的方式：“您可能是没有动过，或许您不在家时，您家里哪个人动过它，您看这污迹，这说明有人穿过这件衣服。我也经常遇到这样的事，买回家好好的衣服，第二天就被我丈夫搞脏了。”营业员这样一说，既表达了拒绝退换衬衫的意思，又给顾客留了一个台阶。

那个顾客听了营业员这番话，说：“难道真的是他弄脏的？我回去问问他。”说着，顾客拿起衣服，走了。

所有的拒绝理由的运用，都不能生搬硬套，唯有灵活运用，才会收到良好的效果。没有完美的理由，只有善于运用理由的人。

不要因为追求完美的理由，反而忽略了找理由的本意，记住，你找理由是为了拒绝他人。我们可以尽量找一个好理由，但不能太强求，太执着了就不好了。如果为了寻找完美的理由而陷入纠结之中，显然是有问题的。

# 第七章

Chapter Seven

# 直接开口拒绝，不如让对方主动放弃

生活中难免要拒绝他人，可是对某些人来说，直接开口拒绝别人是一件非常难的事情。既然如此，不妨采取一些方法，让对方主动放弃请托，以此避免双方陷入尴尬。

## 不肯定也不否定，沉默是最好的拒绝

有位学者从事教育评论工作，所以经常参加一些家长会之类的活动。在这些活动中，大家会请他做演讲。但在演讲过后，他常常会感到很尴尬：“每当这个时候，我都会习惯性地说，‘大家有什么问题吗？可以提出来’。但是结果让我感到很难受，因为最常见的状况就是冷场。基本上很少有人提问，全场鸦雀无声，都盯着台上的我。这让站在台上的我顿时有种不知如何自处的感觉。”

学者遭遇了很多类似的“冷场”情况，经过观察之后，学者发现一个事实：听众的沉默，让演讲者不知所措，这种现象非常普遍。学者感到有些奇怪，因为在刚刚开始讲话的时候，演讲的人开玩笑，大家就会笑，甚至有很多人都会热心做笔记，这说明大家都在认真听他的演讲。然而到了演讲结束之后，居然连一个提问的人也没有，难道没有问题吗？这怎么可能呢？

这种尴尬的沉默现象，经常让学者黯然神伤，也许是因为他太过敏感，他太在意自己表现得好与坏了。大家听了自己的讲座，竟然没有问题，这似乎说明自己的演讲没有引发听众的思考，同时也说明听众对演讲没有兴趣。他觉得自己实际上就是被人忽视了。

很多做演讲的人都会有类似的经验，就是在以活跃的学生或企业人士为对象的演讲会上，也有同样的情况。

在此，我们不讨论造成这种现象的原因，只讨论沉默给人的感受。就像那名遭遇“冷遇”的学者，沉默让他感受到自己被忽视、被拒绝。对此，我们能够想象，被沉默对待时的感受绝对不会美妙。但是如果我们明白沉默对于拒绝的意义，也许心情顿时会好很多，特别是对正不知道如何拒绝的人来说，会发现沉默的拒绝效用，具有非同寻常的意义。事实上，沉默也许是有效的拒绝方式之一。

生活中很多人不知如何表达拒绝，心里不断地练习拒绝的言辞，可一旦面对对方又下不了决心，总是会觉得尴尬和惭愧，因此话到嘴边就是说不出来。这个时候，你可以干脆不说，以沉默来应答。学会沉默，能够帮助你拒绝很多事情。在我们遇到一些不愿被牵扯进去的麻烦时，利用沉默来表达拒绝，会更加自然。

例如，有人送来请帖，请你去参加一个聚会。如果你不想去，可以不给予对方任何回复，这样，一般人都会明白你的意思。这种沉默的方法既能达到拒绝对方的目的，又能避免直接拒绝带来的尴尬。

当然，并不是所有的事情都可以沉默以对，沉默拒绝的方法也有一个适用性的问题，这种方法更加适合运用于那种特别容易陷入争论的事情上。

我们知道，“不”是一个令人失望和沮丧的字眼，因为对被拒绝的人来说，这个字意味着完成某件事情的希望又少了几分。如果对方极度渴望实现自己的目标，那么他必定会想方设法来说服你不要拒绝。

就算你明确告诉他拒绝的理由，并且给他指明其他出路，他依然会不依不饶、纠缠不休，这样一来，你们之间势必会展开一场激烈的争论。即使通过争论，最终得到的共识依然是拒绝，但你已经在这件事情上浪费了大量的时间和精力。

而且，如果你稍微心软一点，面对对方咄咄逼人的攻势，很有可能掉入不得不接受的陷阱！

例如，当一个银行业务员向你推销信用卡时，你拒绝对方说："对不起，我已经办了好几张信用卡了，所以不需要。"

那么，对方很可能抓住你回答中的弱点进行反击："是吗？那您每天带着好几张信用卡出门，一定觉得很不方便吧！"

"还好吧！"你的回答通常会是这样的，而这就进一步给了对方可乘之机："只要您办理我们银行新推出的信用卡，就可以一张卡走遍天下，您在全球八百多个城市都可以随时享受我们优质的服务。因为这个月是推广月，所以现在办有礼品赠送，并且可以享受免年费的优惠……"

怎么办？原本是想拒绝对方，却因为表达不到位而使对方有机可乘了。甚至，自己拒绝的理由反而成了对方进一步推销产品的理由。无论结局如何，被对方打扰已经是无法挽回的事实了。

因此，如果你觉得有求于你的人是个辩论高手，或者自己不够狠心，很可能被对方的凌厉攻势驳倒，那么最好的应对方法就是以沉默来拒绝对方。因为没有了回应，再伶牙俐齿的人也无法抓住语言中的弱点来顺势进攻。

在日常生活中，当我们遇到类似的情况时，即便对方舌灿莲花，把产品吹得天花乱坠，只要我们保持沉默、不予理会，不消几分钟，对方就会自知没趣，灰溜溜地走掉！因为他们得不到预期的回应，气势和信心就会随之减弱，直至最后彻底放弃。在沟通中，你的沉默和无言将不断地消磨对方的热情，让他失去继续说下去的信心。

当我们想要表达自己的拒绝而又不知道如何做时，不妨用沉默来代替语言，这样往往能收到“无声胜有声”的效果。但是，沉默并不是万灵丹，当别人对我们提出某些不合理的要求时，如果我们还沉默以对，就会助长对方的气势。比如，有人侵犯我们的正当权益，我们当然不能沉默以对，因为沉默在这时候属于一种无效拒绝，正确的做法应该是强烈地表达不满，并且采取自我保护的手段，进行坚决的抵抗。

## 截住话头，让对方无法开口相求

一个小伙子和一个姑娘在一起工作，渐渐地小伙子对姑娘产生了爱慕之情，姑娘也发现了某些苗头。小伙子想要表露自己的心意，获得爱情，于是鼓足勇气对姑娘说："我想问问你，你是不是喜欢……"姑娘似乎很紧张，她当即就把话截断："你给我借的那本公共关系学的书，我很喜欢啊，我看了两遍，很不错。"

小伙子以为姑娘没有理解自己的意思，又说："嗯，你看不出来我喜欢……"没想到姑娘又打断道："我知道你也喜欢公共关系学，以后咱们一起交换学习心得吧？"小伙子说："嗯，好。你有没有……"姑娘再次打断对方的话，抢答道："有哇！互相切磋，向你学习，我早就有这个想法。"

此时，小伙子总算明白过来，这姑娘无意和他发展恋爱关系，于是只好放下心思，和姑娘聊起公共关系学。小伙子心里有些惋惜，同时也有点儿庆幸：好在没有将心意挑明，否则两个人难免会觉得尴尬。

姑娘三次截话，可见其伶俐聪明，这样表达拒绝的效果，显然要比等话问出来后再拒绝要好很多。运用截话的技巧说“不”，最值得称道的地方，就是不用将事情挑明，可以在避免尴尬的同时，让人领会我们的拒绝意思，从而自动放弃。当然，截话拒绝，要求才思敏捷，表达技巧娴熟。

要注意，截话拒绝，一定要赶在对方还没有说出，或者还没有完整说出时，即做出抢答。为什么不等对方说清楚就要抢先回答呢？主要有两个方面的原因。

第一，避免对方说出秘密的事情。如果你等对方把话全说出来后再拒绝，可能就晚了。因为对方可能会说一些秘密的事情，如果你听完了对方的话，就不可避免了解了秘密，这样一来，你就不得不参与进去。如果听了对方的秘密，你又不参与，以后事情出了变故，对方就可能怀疑是你泄露了秘密。

第二，避免听完话后行事被动。当对方把事情都说清楚之后，你再想拒绝，就可能会觉得很被动。特别是对方讲一个悲惨的故事，可能就会让你深陷于对方描述的情状中，再也不好意思拒绝对方的请求了。

基于这两种原因，快速截断对方的话，进行抢答，对于拒绝而言，具有十分重要的意义。因此，考虑到对方要问什么，在他的问话未说完时，就迅速截话，转变话题，一是可以转移其他听众的注意力，二是可以使问者领悟，免于因说破造成尴尬局面和其他不良后果。

截住对方的话，让他的请求出不了口，这样可以很好地避免尴尬的状况。采取这种策略，对方不会觉得你不礼貌，因为他内心所思考的问题已经并非你是否礼貌，而是你的态度。

从你的行动中，他可以比较明确地了解到你不愿接受的态度。聪明的人看到你这样做，会很快明白过来。对于那些不能马上明白的，你无法挑明，就可以继续不停地打断他的讲话。这样三五次下来，他自然就会回过味儿来。

截断他人说话的时候，一定要讲究时机和技巧，恰当而巧妙地把自己的话插入“正题”中去，不仅不会令说话者陷入难堪的境地，还能引导和激发对方的谈话兴致，从而有助于交谈和谐、融洽地进行。

第一，截断对方的话之前要摸准对方的心理，对方刚开口说话，你就要知道他要说什么，所谓“未闻全言而尽知其意”，这当然要求很高。如果你无法做到这一点，就不要胡乱截话。

第二，要能截得自然而恰当，比如从“喜欢人”而变成“喜欢书”，能瞒过在场的其他人。

第三，截话往往需要几个回合才奏效，因为抢一两次，对方还不能领悟答话者的真意，或者略微知道而不甘心，继续发问，这就要求连续多次，才能不露破绽，达到目的。虽然这种方法难度大，技巧性强，但运用得当，效果特佳。

截断他人的话，除了注意上述方法外，还要注意以下几点原则。

第一，要学会顺题立意。你应该将自己的目的设定为表明自己的观点，而不仅仅是拒绝。如果根本没听明白对方说的话而抢插、乱插、乱发评论、乱下结论，就是不尊重对方的表现。所以在截断他人的话的时候，应尽可能顺着对方所说的话题展开谈话，如果需要转换话题，应先对对方的观点予以肯定和赞同，再用“不过”“但是”等转折词过渡，这样才能有效避免对方的误解和反感。

第二，要注意措辞。措辞是否恰当得体往往会直接影响说话的效果。措辞得体，不但对方容易接受，而且有利于谈话继续下去；措辞不当，则很容易引起对方的反感，不利于交谈的顺利进行。因此，最好选择中性感情色彩的措辞，既不要对对方的言论发表任何评判，也不要对对方的情感做任何是与非的表达。

第三，要做到真诚和善。人与人交谈，贵在真诚和善，截话也是如此。千万不要表现得自以为是、心高气傲和哗众取宠，以免让人极度反感。

## 用好“拖字诀”，请托者自然知趣而退

众所周知，拖延是一种恶习，会令人厌恶。生活中有许多人都深受拖延之害，相当困扰。在我们看来，拖延是一种坏习惯。但如果将拖延用于拒绝，会有意想不到的效果。特别是某些事不适合立即决断时，直接拒绝对方既会导致尴尬，又容易伤了感情，这时怎么办呢？就用拖延的方法。

比如，竞价的事情，如果你太快做出决断，价钱不会太高；如果你当即拒绝对方的竞价，则可能会让对方即刻就走出竞价谈判席。既然如此，你就不妨多扯皮，把竞价的时间不断地延长，这边不紧不慢地谈着，那边等着更高的价位出现。

拖延战术对于不敢拒绝的人来说，简直是福音。选用拖延战术，好处也很明显：你用不着下决定，用不着点头或者摇头，而

只是让求人者迟一些时候再来。例如，你可以说："我现在工作繁忙，你能不能两个星期以后再来找我？"他可能会把"两个星期以后再来找你"这件事加进自己的备忘录里，但也有可能早把你忘了。有的时候如果你连着拖延两次，那个人就会放弃。当然，老是拖延一件事也不好，这会让别人觉得你的人品有问题。一般在两次拖延之后，当别人第三次来求你的时候，你就应该给出一个较为明确的答复。

人的耐心没有我们想象中那么好，所以如果你想拒绝他人，采用拖延战术效果往往很显著。这一战术的一大特点，就在于能够尽可能地消磨掉对方的耐性和意志，从而避开请求。拖延的行动很容易让人感受到"不愿"的意味。当对方提出要求时，你迟迟没有答应，只是一再表示要研究研究或考虑考虑，那么对方马上就能了解你是不太愿意答应的，不需要你明确地说"不"，对方就会感觉到你的拒绝之意。

如果你知道对方的求助很急，必须立即处理，而你又想拒绝他，这时候你就可以采取刻意拖延法。比如："这件事没有问题，不过这两天我要去外地出差，等回来后再帮你处理，可以吗？"既然事情无法立即由你来完成，对方又比较着急，所以他只得另谋他途。但如果是已经答应了别人的事，运用这种方法则是不对的。

事实上，生活中有很多事情都不适合太快地决定，三思而行是慎重的表现，也是你拒绝他人最好的借口。你可以回答对方“我需要考虑”，或者“我要看一下自己的安排”。当然，这样的话通常不能拖太久。一般采取这种策略，前提是你有打算与之进行讨价还价，将谈话进行下去。如果你并没有这样的想法，完全可以即刻拒绝。

通过这样拖一下，我们可以赢得思考的时间。但是我们必须记住，在我们赢得了片刻时间的同时，对方也有了思考和缓冲的余地。所以，如果你没有打算商量下去，最好的办法就是直接找理由拒绝，如果实在找不到合适的理由，可以用这样的话来打一下掩护，先撤出来思考一下。

当然，并不是什么事都可以拖，有的事情不能拖，特别是在适合拒绝的时机已经出现时，绝不能再拖，应该果断而迅速地说“不”。另外，针对不断纠缠你的人，也不宜拖延，应当速决，以免对方没完没了地打扰你，干扰你正常的情绪，影响你的心理健康。

有的人找理由拒绝，可能会找一些有漏洞的理由，与其如此，还不如迅速做出决断，爽快地拒绝。比如，朋友求你帮他做一件事，而你不想答应他，如果你推说："今天没有时间。"那么对方很可能会说："没关系，你明天再帮我做好了，这件事就拜托你了。"又如，朋友想转让给你一件衣服，而你不想接受，如果你推说："我的钱不够。"那么对方很可能会说："你先拿着吧，钱以后再说。"再如，别人邀请你跳舞，而你不愿意跟对方跳，如果你推说："我跳不好。"那么对方可能会说："没关系，我慢慢带着你跳。"这样一来，你就很难再拒绝对方了。

以上的例子说明两个问题：第一，有些事情不适合拖延，假如想要拒绝，便应该当机立断；第二，拒绝的理由一定要合适而充分，上述这些都是一些经不起推敲的理由，一经对方反驳，你所建立的拒绝防线就会像马其顿防线一样，成为空话和笑话。

因此，面对有些情况，不如直截了当地用比较单纯的理由拒绝对方："你托办的这件事我办不了，请原谅。""这件衣服的款式和颜色我不太喜欢，很抱歉。""我已经约好舞伴了，不能跟你跳，对不起。"这样说虽然显得生硬一些，但拒绝的理由明确、无可辩驳，可以避免对方的继续纠缠。

在现实生活中，很多人碍于情面，不愿意直接说"不"，而是随便找一些理由来搪塞对方，以求得一时的解脱。这种方法其实并不好，因为对方往往可以找其他理由继续跟你纠缠下去，直至你答应为止。

记住，使用拖延战术来拒绝他人的时候，一定要有分寸，特别要注意的是，这种办法不能频繁使用，常用它可能会让人觉得你这个人拖拖拉拉。

## 提前准备脱身之计，不给对方请托的机会

小梁是一个特别热心的年轻人，别人有什么事情的时候，总会请他来帮忙，而他总是能够把事情办得妥妥帖帖，让人放心。因此，进入公司之后，小梁很受同事们的欢迎。但是随着大家对小梁的认同，他乐于助人的形象深入人心，以至于找他帮忙的人也越来越多。这让他有些忙不过来。

有些人甚至把找小梁帮忙当成了一种习惯。比如，老周常常请小梁帮忙整理文件，李姐则不时请他帮忙检修电脑……

开始的时候，对于这些请托，小梁总是来者不拒，无论是谁，只要请他帮忙，他便会立刻施以援手。但是随着时间的推移，他慢慢发现，自己需要帮助别人做的事情远远多于自己分内的事情。而且，最为糟糕的事情是，小梁大量时间花在了帮助他人上，导致他

的分内工作总是会出现一些问题，为此每到月底他都会被上司批评。

如果再这样下去，小梁很清楚自己的下场：自己肯定会被老板扫地出门的。于是小梁暗下决心，要把主要精力放在自己的工作上。然而事情并没有想象中那么容易，因为大家都已经习惯得到他的帮助，所以请托总是源源不断，他根本无法专心工作。怎么办？对这些请托直接表示拒绝，这样虽然有效，但他的工作思路仍旧会被打断，而且更为糟糕的是，可能会惹人不快，导致同事关系紧张。

小梁想了想，便决定先下手为强，把请托的门堵住再说。

在通常情况下，老周的文件都是在下午三点后整理，于是小梁把约见客户的时间定在两点半。这样一来，老周只能自己动手把报告资料输入电脑。

至于李姐维修电脑的事情，拒绝起来就比较轻松了，他可以直接说："等我忙完这点儿事情，就过去帮你弄好。"结果往往是小梁把自己的事情忙完再过去的时候，等不及的李姐已经找别人将电脑的问题处理好了……经过这种调整，小梁规避了很大一部分请托，把麻烦挡在了门外，终于得到了清静。

在中医中，有一条特别著名的理论，即所谓“治未病”，就是在还没有病之时，做好预防工作，争取不生病，而不是总想着生病之后再去治疗。这种预防性的医疗思想，影响了中国养生学。不仅如此，这种思想还让我们学会了未雨绸缪地做事情。在拒绝的过程中，也要具备这样的思想，努力先将麻烦挡在门外。小梁拒绝请托的例子，就是这一思想的实践，值得我们学习。

如果问“防患于未然”和“亡羊补牢”哪一个更好一些，答案是不言而喻的，当然是前者。亡羊补牢，虽然能够最大限度地帮助我们挽回损失，但毕竟是在问题发生之后的补救措施，终究不可避免会受损失，给自己带来麻烦。相较之下，防患于未然则要好很多。依靠某种预警机制，把问题发生的概率控制在最小的范围内，产生的损失自然比较少，甚至可以避免受到损失。

如果把问题出现之后的拒绝比作亡羊补牢，那么先知先觉，提前避免问题的出现，就是防患于未然。这种预防性的拒绝技巧，不仅能够帮助我们化解麻烦，更为重要的作用在于，它能够帮助我们减少正常生活和工作中的各种莫名的干扰。

比如，你正在专心工作的时候，如果突然受到打扰——朋友的电话、上司的临时任务、同事的请托等，因而不得不中断工作，转而去处理这些突发事件，待处理完这些琐碎的事情之后，要想再回到刚才高效率的工作状态中，就很困难了。而这些突发的打扰，会导致我们的生活和工作质量下降。

对于这些琐碎的事情，如果我们一件件地去拒绝，无疑是亡羊补牢。因为事情毕竟已经发生了：电话响了，我们不得不接；上司的临时任务、同事的请托，即使我们找到理由去回绝，工作的思路和灵感也已经被打断了。你要重新进入良好的状态，调整自己的情绪，就需要花费更多的时间。

最为糟糕的事情在于，突发的干扰频繁出现，你还不太好拒绝。因为你不断地表示拒绝，就可能会让周围的人感觉你缺乏进取心和团队精神。所以在拒绝时，尽量不要做亡羊补牢的事情，而应防患于未然，设法在请托还没有发生的情况下，先将之挡在门外，避免那些突如其来的干扰打乱自己正常有序的工作状态。

小梁的做法就很有效果，打扰自己的因素一下子少了许多。他的工作变得有条理了，工作效率和工作质量都得到了提高。更为重要的是，他的空闲时间也变多了，他仍然会帮助同事做一些事情，不过，这与之前那种忙碌的状态相比，好了很多。

拒绝的表达不一定要用嘴巴说，如果我们能够像小梁那样，为自己设立一套防御机制，把无力完成的请托挡在门外，那么拒绝的目的同样可以达到，而且效果会更好。

例如，有朋友上门找你，你知道对方最近想要借钱搞投资，在对方还没开口之时，你就说："看你好像有事，你我兄弟多年，有什么事情尽管说，我一定全力相助，除了借钱之外。"这样开始就用话堵住对方借钱的想法，对方多半不会再说借钱的事情。

先把不能帮忙的事说出来，于是求人者自然不好再说什么。这种方法对于那些躲无可躲的人来说，尤其适用。比如接到一个经常找你帮忙的朋友的电话，如果他一开口便问你："最近忙不忙？"如果此时回答"不忙"或"还好"，那么他的下一句话自然就会转到正题上来。于是这个时候你可以这样回答："忙啊！最近忙得连休息的时间都没有了，每天加班到凌晨，快累垮了。"你这样一说，他就会知道你是帮不上忙了，请托的话自然就不会说出口了。

## “不战而屈人之兵”，用环境制造心理压迫感

有个商人曾因为资金周转困难而造访一个银行家，希望获得贷款，最终却遭到了拒绝。

对于商人来说，这次会面一开始就不是很顺利，他先被带到了会客室，而银行家迟迟都没有露面，这让他有些焦虑。过了好一会儿，银行家才出现。刚进门的银行家说：“呀，让你久等了。”虽然招呼似乎很客气，但他发现银行家的脸上并没有愉快的笑容。然后，银行家就在一张比较高的沙发上坐下来，接着按下背后台灯的开关。

这时商人发现，原本感觉开阔的会客室，似乎因为光线明暗的变化，变得狭小而压抑了。整个房间都不是很亮，商人由于是面对台灯的光，觉得灯光很刺眼。他不知道这是不是对方早已经设计好的，反正觉得很难开口。他看不清对面银行家的表情，感觉自己就

像一个被审讯的犯人一样。

在这样的情况下，尽管他准备了很多说服对方的资料，但在说话的时候，总觉得自己有点畏缩，始终放不开，这让他说起话来似乎缺乏某种力度和激情。银行家没有说太多的话，语气很平和，但在这种环境中的商人始终有一种缺乏底气的感觉。结果银行家拒绝了商人的借款。而商人突然发现，对方的拒绝竟然让自己有种如释重负的感觉。他一度怀疑自己的心理是不是有毛病。

为什么会这样呢？其实道理很简单，奥妙就在于环境所营造的压抑氛围，让商人处于一种弱势的地位，这深深地影响了商人的表现和他的心理。比如，银行家背后的台灯，对商人造成了严重的干扰。而对于银行家来说，背后的光让他显得更加高大和有气势。

在会面开始之前，银行家拖延出场，让商人心生不安，接着会面开始，让商人坐在较矮的位置，同时自己坐得更高一些。最关键的是那盏台灯。局促的光照使得原本宽敞的空间变得逼仄压抑。而且，商人的眼睛被光照着，这更加重了他的不安。

从视觉的心理来说，人对光源的不调和较难接受，故明暗度的突然变化，会引起为了适应这种变化的顺应现象。在顺应没有完成之前，心理上的动摇是不可避免的。

基于这样的认识，我们在拒绝的时候，也可以采用这种环境营造的技巧，达到“不战而屈人之兵”的目的。如果是白天，没有开灯的必要，你可以背窗而坐，这有同样的效果，而且这样在拒绝的时候效果可能会更好些。因为面向窗户的人，视线朝向窗外，繁杂之物映入眼帘，会使他无法集中注意力。即便窗户是毛玻璃，看不到零乱的杂物，同样会给人的心理造成影响。根据一些研究者分析，毛玻璃不清晰的亮度会让人产生不安的心理。

除了背光而坐，增强自身优势之外，还有一些其他的方法，也可以达到提高拒绝力的效果，比如利用主场优势。

我们都知道在运动场上，影响胜负的因素有很多，其中有个特别重要的因素很难避免，那就是主场优势。世界杯比赛中，主办国的球队往往会获得很大的优势，平时实力一般球队，因为具有主场优势，便可能升级为强队。

因为主队球员对主场十分熟悉，不会怯场。而在客场则会因为陌生感而变得拘束，这会使人的实力无法正常发挥。其实这种情况，同样体现在交流和沟通上。

当我们到他人家里时，很容易变得拘束起来。在不能不拒绝的时候，这种拘束的心理会让我们失去优势。基于此，我们要尽量选择熟悉的场景，增强我们的气势，以便更好地表达拒绝。

当然，不限于自己的家里，也可以选择在自己熟悉的咖啡店或酒吧见面，因为你所熟悉的桌子、椅子、服务员，都是支持你的强力盟友。这边是盟友众多，对方是孤军奋战，一旦让对方有自陷孤立之感，我们就稳操胜券了。

如果这样，对方还是要执拗地提出请求，那么我们还可以设法请伙伴或店里的人给予我们一些支援，让他们来证明你的情况，说：“你问问他，他可以做证，我干不了这种事！”随时有“友军”出来支援，也是“根据地”的有利之处。对方不知道“敌人”在何处，更会感觉不安。如何创造有利于自己的环境，是拒绝时必须考虑的问题。

有个编辑约稿，约稿对象是一名大学教授。编辑先给教授打电话，说明自己约见的目的，但是教授的口气并不好。尽管如此，编辑依然很有信心说服他。然而，当编辑到了教授家里后，对方没有在会客室见他。教授说：“对不起，会客室还没有整理好……”然后将他引到了书房里。

教授坐在桌子前，与编辑面对面。编辑开口说出想要拜托的事情，但他发现平时出口成章的自己此时竟气势不足，他感觉自己说得很不顺畅。在交谈的过程中，教授很随意地点燃他的烟，而编辑始终忍受着难闻的烟味。最终编辑没有达到目的，便打道回府了。

那名编辑很不幸，被无言的拒绝打退。他回想起这段经历，就说："我的表现实在太差了，前所未有的差劲！倘若在一间会客室之类的半公共场所交流，我想我的表达会好一些。但那是一个私人的场所，在那里，我总有一种十分拘束的感受。"

书房是颇为隐私的场所，而窥视别人的隐私，则会让人紧张不安。编辑踏进教授的书房，难免会坐立不安。

这次的经历让编辑深受启发，此后他也采用同样的方法拒绝，效果非常好。当然，使用这个方法并非一定要在书房。只要把对方带入自己熟悉的环境，就能在交谈中占据优势。

# 第八章

Chapter Eight

# 拒绝是一门艺术，需要长久修炼

拒绝是一种勇气，是一种胆量，是一种智慧。毫不夸张地说，拒绝是一门精妙的艺术，需要我们不断学习，经过长久的修炼之后，才能达到灵活运用的程度。

## 以尊重的态度表示拒绝意愿

对于任何一个人来说，尊严都是无比贵重的东西。无论在什么时间，无论在什么情况下，对别人表示尊重都是一种应有的礼貌和美德。当你对别人表现出尊重时，别人会对你回以应有的尊重；当你不把别人放在眼里时，别人的眼睛里也容不下你。所以说，拒绝别人时，要注意表达尊重，如果不注意，很可能会造成极坏的影响。

有个人很直率，不太懂得照顾别人的感受。有一次，一个朋友找他借钱，而他不想借。当朋友一开口，他就用开玩笑的口气说："向我借钱？我没听错吧！谁不知道你是个'大款'。平常花钱如流水，买东西专买高档的，一件衣服就上千元，我们都是工薪阶层。俗话说，‘瘦死的骆驼比马大’。你就是从身上拔下一根毛，也比我的腰粗啊！”朋友一听他的话，脸顿时变得通红，二话没说转身就走了。从此以后，那个朋友与他见面连招呼都不打了。

如果有人请求你的帮助，即便对方陷入困境纯属咎由自取，你也不要说他的不是。你可以说自己无能为力，并拒绝他的请求，却不要指责他。请求帮助，承认自己是一个弱者，这已经是很伤自尊的事情了，如果你还进一步指责对方，则会让对方的脸色更加难看。

俗话说得好：“人要脸，树要皮。”对很多人来说，没什么都不能没有尊严。因此我们为人处世，要注意照顾别人的感受，对他人保持尊重的态度，特别是在拒绝的过程中，尤其不能忘记这一点。

有个老师教六年级，这年学校正好需要推荐学生考外语中学，但是每个班推荐的比例只有十分之一。听说这个事情后，当时就有家长打电话给老师，说晚上要到老师家里去。

老师无奈地拒绝道：“我明白您的意思，这不是您到我家来一趟就能解决的问题。如果这样可以的话，我情愿去你们家里一趟。”这话把家长逗笑了，便不再强求了。

遇到种种请托的事情，有些时候如果你直接表示拒绝，可能会让人觉得你自诩清高、不近人情。此时，若能在拒绝中表现出尊重对方的态度，则会好很多。事实上，拒绝的前提就应该是尊重。

在拒绝之前，我们可以先肯定对方的观点，这是一种表达尊重的好办法。有些领导特别擅长这样的拒绝，他们经常会说：“这个提议非常好，但目前我们还不宜采用。”“好主意，不过我们恐怕一时还不能实行。”先肯定对方的建议和要求的可取之处，这可以避免伤害对方的感情，而用“目前”“一时”等字眼，则表示未完全拒绝，也能让人有所期待。

有位摄影家很有名，某机构邀请她加入，她婉转地说：“承蒙邀请，我感到非常荣幸。我对贵方在摄影界的影响力十分钦敬，可是我目前实在太忙，无法分身，你的美意我只能心领了。”先抬高对方的地位，让人感觉受用，接下来的拒绝也就不会让人不舒服了。

拒绝的前提是尊重，但不能为了尊重而失去拒绝的能力。

小柳和小艾情同姐妹，交情很好，两个人经常一起吃饭、逛街，几乎做什么事都在一起，同事们戏称她们是“连体婴”。工作三年，由于工作努力，小柳升任设计部主任。为了庆祝升职，小柳便请要好的朋友到家里聚会。小艾是第一个被邀请的人。

对于小柳的升职，小艾十分高兴，虽然自己没能升职，有些遗憾，不过她很清楚小柳所付出的努力。无论从哪个方面来说，她都很佩服小柳。这次聚会，她理应欣然前往。但是很糟糕的是，周末小艾已经有了重要安排，她要去参加一个慈善舞会。为了能够参加这次舞会，她花费了不少的精力。

小艾很想拒绝小柳的邀请，可是她突然想到，如果自己不去赴约，会不会让小柳觉得自己对她的升职感到不满？更何况，两个人是那么多年的好友，如果不去捧场，似乎太没有人情味儿了。权衡再三，小艾只好放弃自己的安排，接受了邀请。

聚会那一天，除了小艾之外，大家都玩得很开心。因为小艾的脑子里总是想着舞会的事，所以她一直是一副心不在焉的样子，这让小柳很介意。小柳不知道小艾心里在想什么，只是觉得她似乎很不情愿参加聚会。小柳觉得小艾这个样子，太不给面子了，这是对自己的不尊重。

聚会结束后，小柳就质问小艾："你对我的升职感到不满吗？整个晚上都沉着脸，这是做给谁看呢？"小艾本来心里就不舒服，听到小柳这样说，心里直冒火：自己放弃了重要安排来捧场，竟然被质疑，这太不公平了。于是两个人就吵了起来。经此一事，二人的友情宣告破裂。

小艾为了尊重朋友，改变自己的行程安排，接受了对方的邀约，结果事与愿违，不仅没让对方感到高兴，反而还破坏了友谊。这样的事情真是令人遗憾，究其原因，就在于小艾处理的方法有问题。如果她能够坦诚地将自己的安排说出来，表示自己不能参加聚会，事情就变得简单多了。说白了，小艾的尊重不恰当，她知道接受邀请是一种尊重，却不知道，有时候拒绝也是一种尊重。

所以在表达尊重的时候，要考虑清楚事情的后果，不要出于尊重对方的考虑，最后却让人觉得不尊重。答应对方的要求并不一定能让对方觉得受到了尊重，拒绝有时也能够表达尊重，这一切都要看你怎么去做。如果你能够坦诚以待，自然是尊重对方。相反，如果你勉强自己，遮掩自己的想法，不把心里话说出来，实际上就是持不信任的态度——没有信任，何来尊重呢？

与其答应对方的要求，让自己难受，最后遭人埋怨，还不如从一开始就把自己的难处坦诚地说出来，拒绝对方的要求，这样对两个人都好。记住，很多时候，拒绝同样也表示尊重的态度。

## 坚决明确，不做模棱两可的拒绝

在拒绝别人时，有一点非常重要，即拒绝时态度一定要坚决明确。何谓坚决明确？就是明明白白地告诉对方，这件事自己办不到或无能为力，让对方另谋他途或另请高明。这个原则很多人都明白，但真正能做到的人不多。

这是因为大家都觉得，被拒绝是一件令人十分难堪和伤感情的事，于是为了照顾被拒绝者的情绪，就倾向于选择态度不明确、模棱两可的回答来拒绝对方，希望对方能够听出自己的弦外之音，从而主动、自觉地放弃请托。

对方的心思稍多一些，或许能很快地理解这模棱两可的回答背后的潜台词，从而主动放弃。但也不排除这样的情况：有些人明明知道模棱两可的话背后是拒绝的意思，却故作不知，依然纠缠。

此外，生活中不少的人心思简单，不会去想这话里面的弯弯绕。他向你提出请求时，抱着莫大的希望。面对不甚坚决的否定和不甚明朗的拒绝，他们往往不会轻易放弃希望，而会尽最大努力去争取实现自己的目标。此时如果你的拒绝不够明确，不把“不”字说出口，就很容易陷入纠缠。没有明确表态，通常会让对方误解，让自己陷入被动的局面。

有个姑娘因为家里有急事必须请几天假，恰在这时，一位客户给她打来电话，说要谈谈签约的事。这是一位大客户，姑娘已经和他洽谈了两个多月了，此时正是关键时刻，自己却无法分身。姑娘想来想去，想到了自己最要好的同事孟小姐，于是开口请她帮忙去跟这位客户签约。

孟小姐的确很想帮她，可是最近母亲生病住院了，自己一边要忙工作，一边要照顾生病的母亲，实在是分不开身。所以孟小姐不得不拒绝请托，但是她又不想让这姑娘太失望，于是边敷衍着“我尽量”，边思考着该怎么拒绝。那姑娘是个急性子，她一听到孟小姐说“我尽量”便急忙留下客户的电话和地址，赶回家去了。

孟小姐的“但是”已经挂在嘴边，却见那姑娘急匆匆地走了，连说话的机会都没给自己，心中很不高兴，于是抱着“反正我没有答应”的心态，索性对此事不闻不问了。几天后，姑娘从家里赶回来上班，却发现已错失了那位大客户，便找孟小姐抱怨：“既然你不打算帮我，当初为何不直接拒绝我呢？”从此以后，两个人之间产生了很深的隔阂。

很显然，这件事如果追究起来，双方都有责任。但是，责任更大的一方应该是孟小姐。正是因为她的迟疑不决，让那姑娘觉得她已经答应了自己的请求。假如当初孟小姐听到这个请求时，就直截了当地说明自己帮不上忙，那么那姑娘完全可以找别人帮忙，或告诉客户延迟一两天再签约，结果可能就不会那么糟了。

当我们面对别人的请托时，如果不能确定自己能把对方请托的事办好，或根本就不想接受对方的请托，一定要避免使用下面这些模棱两可的回答：“嗯，你说的事我会考虑的。”“这件事情比较难办。”“我不确定这件事能不能办成。”“我帮你问问看，如果不行我也没有办法。”“应该可以吧，我不确定。”“这件事等我回来再说，好吗？”

很显然，上述这些回答的拒绝意味并不明显，不仅无法拒绝对方，反而会让对方抱有越来越大的希望。如果对方托你办的事你根本不想应承或无力办好，那么这样的回复就毫无意义，到最后你还是要硬着头皮告诉对方事情无法办成。这对对方而言将是一种更大的伤害，因为此时可能已经错过了解决问题的最佳时机。

拒绝别人时应该干脆、明朗，切忌优柔寡断。当然，这并不是主张在任何情况下，对任何人都直截了当地说出“不”字。一般来说，对那些自尊心比较强、脸皮比较薄的人来说，只需要婉转地说出拒绝的理由即可，最好不要直接说出拒绝性的话语。因为对方能够从你的话音中体察到你拒绝的意图。这种拒而不言绝的拒绝方式，可以避免让对方感到尴尬、没面子、下不来台，从而不会对双方的人际关系造成负面影响。

比如，当朋友在你正打算出门时来拜访，你不妨在表示欢迎的同时说一句：“你来得真巧，再晚一分钟你就要扑空了！”这等于委婉地暗示对方，你马上要出门办事了。如果对方是个识趣的人，就会在简短地说明来意后尽快告辞，或另约拜访时间。这自然比你发出明确的逐客令要好得多。需要注意的是，你的暗示必须含义明确、意思清楚，使对方一听即懂、一点即透。

因此，当我们遇到自己不想应承或无力完成的请托时，一定要学会坚决明确地拒绝。当然，我们在措辞上完全可以婉转一些，但原则是让对方一下子就能明白我们说“不”的意图。

例如：“非常抱歉，这件事我恐怕无能为力。”“很对不起，这件事我实在帮不上忙。”“我最近实在很忙，我也不想耽误你，你最好找别人帮忙。”“或许你可以去找××，我是肯定帮不了你的。”“我非常想帮你，但对这件事我实在是不在行。一旦做不好，既耽误了事情，又浪费了你的时间。你不如找一个更稳妥的人帮你。”

总之，当我们不想答应或无力应承别人的请托时，就应该坚决明确地表明自己的拒绝态度，这会让对方对我们刮目相看。因为与那种支支吾吾、遮遮掩掩、隐瞒自己真实感受的态度相比，明确的拒绝会节约许多时间和精力。同时，我们也会从这种干脆利落的回答中，找回我们久违的自信。而模棱两可的态度，只会给双方造成不必要的误解和隔膜。

## 放下面子，以免被人“逼上梁山”

朱先生是个好面子的人，为此，他付出了不少代价。有一次，他和侄儿一起逛街，在一家品牌店转悠。侄儿看到喜欢的东西，有意购买。侄儿由于刚参加工作不久，身上没什么钱，自然不能付账。而朱先生不想做冤大头，便拿着商品左看看右看看，与售货员絮絮叨叨说：“这东西太贵了！便宜一点！”

售货员都是玲珑心思，便说：“嗨，先生，一看您就是一位有钱、有地位的人，这点小钱您还在意？”这一句话噎得朱先生半天喘不过气来。为了表示自己确实是一个有钱、有地位的人，朱先生便把手缓缓地伸向了钱包。

又有一次，朱先生参加聚会。酒至半酣，他已经不胜酒力。这时，有朋友敬酒，朱先生推说不能喝了。朋友的脸色一正，说：

“这点面子也不给吗？”朱先生一看，不喝这杯酒，对方心里少不得要留下疙瘩，这面子得给！

几轮下来，朱先生就撑不住了。但他稍有推辞，又有朋友说他没有酒品，这多失面子呀！于是，他狠狠一咬牙，又是一个底朝天，结果回到家，哇哇大吐，痛苦不堪。

还有一次，朋友有事相求，朱先生明知这事情自己无能为力，然而对方说：“咱俩什么交情，这点面子朱哥你得给我。”于是，朱先生再次为朋友两肋插刀，四处奔走，求爷爷告奶奶。事一办成，他顿觉轻松大半，脸面有光。

朱先生的故事，实际上是很多人都有的遭遇。说白了，这些事情都是爱面子惹来的。

面子，不是某个人特有的，而是每个人内心的自尊需求。要面子的心理，自古以来就存在。古语有云：“士可杀不可辱。”这实际上是一种面子需求的反映。

在古代战争中，将士被俘虏后遭到敌人的戏弄时最喜欢说这句话，意思是要么就杀了我，要么就不要侮辱我。如果你侮辱我，我活着没面子，那么还不如死去。对于将士来说，被俘虏已经是一件很丢脸的事情了，如果要继续受侮辱，还不如死。

面子虽然重要，但不能总想着，有时也要放下面子，说说“不”。太要面子，不懂拒绝，很可能就像朱先生那样：为有面子而高兴，同时也为丢面子而焦虑。面子情结太严重，不利于我们拒绝别人。

很多事情关乎面子，就会变得麻烦起来。拒绝就是这样。对方提要求时，若关系到你的面子，往往很难拒绝。由于面子关乎个人形象和尊严，所以生活中好面子者大有人在。为维护自己的脸面而勉强答应他人的事情，随处可见，一点儿也不稀奇。

根据有关社会调查发现，人们不能拒绝他人的请求、要求，起码有一半以上是出于要面子。由于面子上过不去，便不得不上了“梁山”，答应他人的要求。

针对人们的面子情结，有人想到了激将法。

老梁接了一个大项目，想拉老同学老徐入伙，可是老徐拒绝说：“我看这活儿没什么前景吧，干下去浪费时间。”老梁道：“老徐，你不是老说你是搞业务的高手吗？现在有这样一个机会，正好展现一下你的实力。你怎么就退缩了？你不会是怕了吧？以前你说自己有多厉害，牛皮吹得山响，现在要真干，就蔫了，真不是男人！”老徐一听这话，怒了：“嘿！老梁，就冲你这话，我就让你看看，什么叫高手！”于是老徐接下了这个项目的业务拓展工作。

当你打算拒绝别人时，就不能太要面子，太要面子，很容易被人刺激到。在汽车销售市场，销售人员见你犹豫不决，便说：“你看看你周围的人，谁没有辆车。没车多没面子，以后和朋友出去，总是蹭车也不像样。”你想想也是，头脑一热，于是买了。事实上有不少人本没有打算买东西，却因为面子问题，冲动购买了。

要面子不是坏事，而是好事，这说明你的自尊心强，有自我意识，心理健康没毛病，但太要面子就不对了，要面子要到不顾自己的身体健康，不顾实际情况，或者不明白事情的始末，那就很有问题了。有的人甚至就为面子活着，这就“走火入魔”了。

## 事有轻重，“分内之事为先”是拒绝的妙方

小丽外貌普通，但性格温柔，因此很讨同事们的欢心。同事们从她的位子经过时，都喜欢和她聊上两句，她也乐于回应对方。于是她的身边总有人说笑。最初，和同事们聊天，也仅限于吃饭和上厕所的时间，或者是不经意地在走廊碰面之后打声招呼。有时候，大家还会相约在下班之后一起去逛街。

后来，随着彼此交往的深入，大家的聊天时间就变得很不固定了。即使是在上班时间，大家一有闲暇也会讨论下班之后去什么地方逛街。有时候老板会突然出现，小丽只得措手不及地装作什么事情都没有发生。

然后就是在网络上，几个关系较好的人常会热火朝天地发微信或QQ信息，每一天都会有新鲜的话题。有时候，小丽明知道自己

的工作很忙，但是好姐妹们总是生拉硬拽地把她扯进聊天话题之中。

每到月底总结的时候，小丽就会发现自己的工作没有按要求达到任务量，即便达到任务量，质量也不敢保证。而且她发现，很多时候自己一旦陷进了聊天之中，就经常会出现不由自主的现象。一上午的时间往往很快就会过去，小丽一边感叹着又荒废了一上午的时间，一边继续和好姐妹们说个不停。

其实，小丽明白自己的尴尬状况。每当看到桌子上厚厚的办公文件时，她就知道自己必须好好工作了。可是，即便她给那些好姐妹们一些很明显的暗示，她们依旧会“毫不留情”地把自己拉入讨论范围之内。她又不好意思直接拒绝对方的“盛情”，因此只得一边在心里面盘算着繁重的工作该怎样处理，一边耐着性子和对方聊天。

就是这样的无奈，让小丽陷入无尽的烦恼中。

能够和别人成为聊得来的好朋友，本是一件好事情。看得出来，小丽也非常在意与同事之间的情谊，然而她把同事情谊搅和进了工作中，失去了拒绝的能力，结果把自己的工作弄得一团糟。对于小丽而言，学着拒绝是脱离这一困境的唯一方法。

在工作当中，拒绝干扰非常重要。要把自己的主要精力放在工作上面，就一定要避免将时间花费在其他零碎的小事情上。和同事谈天说地不是不可以，只是需要选择对的时间和地点。如果错把工作的时间滥用在一些无聊的瞎侃上面，那么你不但浪费了公司为你提供的薪水，更浪费了自己宝贵的时间。想要拒绝他人占用你的工作时间其实很简单，你只需要直接以工作为由拒绝对方。除此之外，不要盲目答应他人的要求，将别人的工作和责任压在自己的身上。

人的时间和精力是有限的，如果我们将大量的精力花在别人的事情上，那么就一定会耽误自己的事情。所有的事情都有轻重缓急之分，把对你来说最重要的事情放在第一位，才能保证不会被其他的事情拖垮。

当同事向你提出与工作相冲突的要求时，你可以婉转地说："不好意思，你看我手头上的工作还没有处理完呢。如果你不着急的话，我下班之后再去帮你办。你要是很着急的话，那么能不能先请别人帮忙？我现在实在是脱不开身。"只要能够拒绝那些干扰工作的事情，便可以降低你的焦虑，释放你的压力，并且还能保证你有足够的时间去做那些真正重要的事情。

当他人的事情会占用你的工作时间时，你可以直接表示拒绝。有的人觉得拒绝别人的求助很不好，会影响彼此之间的情谊，其实根本没必要。用本职工作来拒绝，是非常正当的理由，别人也会理解，根本不必担心破坏情谊。办公室本来就是工作的地方，所以当你拿工作来当挡箭牌的时候，绝对百试百灵。你只需要说："很抱歉，我手头上还有一件很要紧的事情要赶出来，现在不能帮你做这个。"一定要用坚定的语气去面对对方，同时说出自己不能做的原因，这样就表现出了自己的无奈和同情，可以为自己增加不少的人情分。

没有特别好的理由时，你可以告诉对方，自己的行程安排很紧，然后转移话题。大部分通情达理的人都会接受这个答案，如果有人继续逼你，你完全可以重复那句"我很抱歉，这不在我的工作计划之中"。

你要了解自己的工作情况，必须对自己负责，管理自己的时间与工作。当你明确了自己所要担负的责任，明确了同事间分工的不同后，你就会懂得，只有完成自己的工作，才是根本。别人胡乱占用你的工作时间，让你陷入忙乱的局面之中，你不仅可以表示拒绝，甚至可以提出批评。

面对他人的要求时，先问问自己："我想要做什么，不想要做什么，什么对我才是最好的？"你必须考虑到，如果答应了对方的要求是否会影响你的工作进度，是否会因为你在工作上的拖延而影响到其他人。你需要衡量帮助别人的利弊得失。在工作上，不要为了无益的事情浪费你的时间和精力，更不要为此耽误了自己的工作。

记住，时间是宝贵的，一天之中，工作的时间只有那几个小时。所以，弄清楚什么是你该做的事情才是最重要的。你要认识到，你需要完成的是分内的事情，而不是他人的事情，所以永远都不要让它被其他事情取代。

## 量力而行，承认不行是对大家负责

俗话说：“没有金刚钻，别揽瓷器活。”做事之前要弄清楚自己的实力，千万不要高估自己的能力。量力而行，绝对是工作和生活中极重要的原则。如果你不能清楚地了解自身的实力，过于高估自己，接受不可能完成的任务，那么你便难免要陷入杂乱无章的生活中。

小林是刚从学校毕业的大学生，在一家网络公司上班。由于小林表现得很不错，做事情很积极，主管特别欣赏他，有意培养他。小林很想证明自己的实力。公司要开展一个大项目，主管将其中一些重要的工作交给小林来做。

小林对主管拍胸脯道：“没问题，这些工作包在我身上了。”

主管拍了拍他的肩膀，说："小林，好样的。我就知道，这样的任务只有你敢接，别人都没有这个胆量。好好干，将来一定有大展宏图的机会。"说完之后，主管微笑着背着手离开了。

看着主管远去的背影，小林脸上泛起苦涩的笑容。他觉得自己的状态可以用一个词来形容：骑虎难下。原来小林并没有大家想象中那么能干，他一直都在勉强支撑着。

刚进公司的时候，小林觉得自己处处不如人，因此在上级分派任务的时候，他总是抢最复杂的事情来做。别人躲都来不及的任务，小林却像是捡到了宝贝一样。他一直这样告诉自己："要想大展拳脚，就必须做一些别人做不到的事情，只有不走寻常路，才有一展才能的机会。"

因为他接受的任务都比较难做，做起来很麻烦，所以他经常忙到很晚。虽然他的工作质量也不算好，但是大家都知道他接手的工作很难做，也就没有责怪他，反而很欣赏他这种迎难而上的精神。从此之后，一旦有别人解决不了的问题，上级第一个想到的就是小林。可是谁又能想到他为了完成这些艰难的任务付出的代价呢？

就是凭着一股子冲劲，他每天独自在办公室里面加班加点。为了从客户手里收回约定的钱款，小林来回跑，不知道说了多少好话，嘴皮子都快要磨破了。然而结婚生子之后，小林渐渐感觉到体力不支。而且，自己还要留出足够的时间陪老婆和孩子，又怎么能够把这些难以完成的任务当成家常便饭去处理呢？他对朋友说：“你看我似乎过得不错，好像超人一样，但你不知道我有多累。”

一个又一个艰难的任务落在了小林的身上，他硬着头皮答应下来，之后再一脸无奈地加班加点去完成。为此，妻子多次和他大吵。可是小林总是无法拒绝艰难的任务。在他看来，如果自己不再接手那么难以完成的任务，就说明自己再也没有利用价值了。他常常对自己说：“男人，就应该对自己狠一点。”然而，这样拼命的日子，他不知道自己还能坚持多长时间。望着越来越黑的夜色，他唯有无助地哀叹了。

每个人的状况和能力不同，所能承受的工作强度也不尽相同。当你接受任务的时候，一定要先弄清楚自己究竟能够完成多大的工作量。不要盲目地接受随时分派下来的任务，否则你只会在一阵手忙脚乱之后才发现，其实你把这份工作做得一团糟。

面对超出个人能力范围的要求、严重影响个人身心健康的要求，要学会拒绝。不要等到不好的事情发生了，再来后悔。与其等到事情酿成不良后果再来弥补，还不如从一开始就拒绝对方的要求，大胆承认自己的能力有限。

没有谁是超人，谁都有完不成的任务，相信任何人都会明白这一点。只是大家往往不知道拒绝，那样终有一天会崩溃，反而会丧失家人的支持和领导的信赖。

其实，无论是拒绝还是接受这些不可能完成的任务，大家的一致目标就是，顺利解决这些难题。选择接受，是因为我们知道在自己的能力范围之内，可以很好地完成这项任务；选择拒绝，是因为我们知道自己完不成，所以才会选择急流勇退，从而让更有能力的人接手任务。

不要以为拒绝就是证明自己的无能，这其实是你有自知之明的表现。人最怕的就是信口开河，不明白自身的实力，去做超出自己能力范围的事情。虽然我们的潜力巨大，但是在一些具体工作当中，潜力并不是总能被激发。在大多数时候，你还是在依靠自身可见的实力做事。至于潜能爆发、超常发挥，并不是常态。你可以适当地给自己压力，偶尔接受一些艰难的任务，来激发自己的潜能，但不宜让自己长期处于过度的压力当中，那样会让你身心状态失衡。

所以，面对自己完成不了的事，首先要真诚地表明自己对这项工作的重视，告诉对方，自己并非拒绝工作。然后表明自己的遗憾，告诉对方自己的难处。特别要注意的是，不要说太多的推托话，免得对方觉得你在敷衍。另外，还要注意的是，不要一味地拒绝。上级坚持认为非你不行时，你若一味拒绝，会让对方很不高兴。对此，你可以答应，也可以向上级提一些要求，以寻找工作的平衡，缓解自己的压力。这样的要求很合理，通常上级都会答应。

## 境况再艰难，也要高昂着头拒绝

人生在世，难免遇到挫折和坎坷，在身陷窘境的时候，许多人会不自觉地放低姿态，低下高贵的头颅，甚至有些人觉得自己低人一头，想要咸鱼翻身，就只能被迫地、毫无主见地接受别人的建议，即便自己心里不愿接受它们。

在艰难的境遇中，人的精神往往萎靡，信心容易受挫。为了摆脱困境，人们会抓住一切机会，尝试所有可能。这种心态和行动，大多数人都能理解。但是，如果有人愿意提供帮助，就不假思索地照单全收，而全然不顾自己在接受帮助之后将要面临什么样的处境，这种做法无异于饮鸩止渴，在未来的某一天，你或许会为自己没有拒绝而后悔不迭。

“人在屋檐下，不得不低头”的道理谁都懂，但是低头不意味着没有拒绝的权利，更不意味着低三下四地乞求。人一旦产生“想要抓住救命稻草”的心态，很可能就会陷入难以拒绝的境地之中。

对于一个有思想、有目标的人来说，不会拒绝是可悲的。而无论在任何情况下，都能高昂着头，敢于拒绝对自己不利的建议的人，才是真正能够有所成就的人。

马云、李嘉诚、任正非等都是我们耳熟能详的名字，他们的创业经历很多人也有所耳闻。在他们走向成功的道路上，资金短缺的情况并不算少，但是，他们并没有因为没钱而放低姿态，没有因为需要资金便饥不择食地接受别人的投资。

对于每一个创业者及寻求更大发展的企业家来说，选择风险投资和投资人的时候都要慎之又慎。毕竟，一招下错，满盘皆输。一旦选择了一些唯利是图的投机者，就会给公司的发展埋下不小的隐患。如果在公司出现危机的时候，投资者立刻选择“套现”，然后转身离开，那就等于给企业来了招釜底抽薪，任何一家企业都无法承受这种压力和痛苦。

投资其实是一个双向选择的结果，但是在某些情况下，当需要得到投资的人感觉自己已经走投无路时，或许会觉得无论什么样的投资商自己都只能默默接受，殊不知，一旦接受了不良投资，整个公司都可能走向万劫不复的深渊。

马云对此深有体会。他很清楚，即便是一家运营良好的公司，也可能因为投资商的行为而受到影响，更不要说一家急需资金注入的公司了。因此，在选择投资商的过程中，他会尽量避免犯下这样的错误。即便公司的处境极为不好，他也能做到高昂着头拒绝。

马云和伙伴们在湖畔花园创业四五个月之后，他们一起筹措的50万元资金已经所剩无几。阿里巴巴想要继续存活下去，必须要在短时间内找到合适的投资商。

到1997年7月时，马云已经连员工的工资都发不出来了。但是，即便身陷这样的窘境，马云依然没有盲目地接受投资商投来的钱。实在没钱发工资，马云便说："公司没钱，下个月不发工资，作为股本增资。钱会有的，是我们要不要的问题。"

阿里巴巴为了生存而艰难前行的时候，马云四处游说，希望能够获得一些资金，因此，阿里巴巴的员工经常会接到投资者打来的电话。

浙江的一家民营企业的老板曾经表达过想和马云合作的意向。和马云见面协商的时候，那位老板直截了当地提出了合作要求：

“我给你100万，你每年要给我10%的利润，也就是说，明年你要还我110万。”

这种类型的风险投资，马云是绝对不会接受的，于是他说：“您真是比银行还黑！”之后就毅然决然地拒绝了投资。

1999年的一天，马云接到了一个电话，简单地和对方交谈一阵之后，马云便带上当时的财务主管彭蕾一起出去。到了外面彭蕾才知道，马云是要带着她一起去和投资人见面。

马云和彭蕾来到投资人入住的酒店，与对方简单寒暄之后，双方便进入了谈判正题。双方经过一段时间的沟通之后，彭蕾觉得对方提出的条件还算不错，基本可以接受。更何况阿里巴巴当时已经一点钱都没有了，这笔投资可谓雪中送炭，能解燃眉之急，确实很有诱惑力。然而，对方提出的股份分配比例并不能让马云满意，于是，他对投资方说：“我们要出去走走。”

马云和彭蕾走出酒店，沿着楼下的人行道上走了几圈，商量了一阵之后，两人回到投资方的房间，马云对投资方说：“我们认为阿里巴巴的总价值不止如此，你们的看法和我们的看法有着太大的差距，所以看起来我们没有办法合作。”

就这样，马云拒绝接受对方的投资，而对方则非常遗憾地说：

“你们错过了一个机会。”

或许在一般人看来，一个连工资都发不出来的老板，是没有资格挑三拣四的。好不容易有人愿意投资，应该立刻选择接受。马云这样做，不仅会伤害投资者的热情，让自己无法获得应有的投资，也会让自己的员工寒心，怀疑马云是不是真的想要继续运营公司。无论从哪个角度来看，马云做出拒绝的决定都是有百害而无一利的。

但是，马云对此有自己的看法：“我们需要的不是风险投资，不是赌徒，而策略投资者，他们应该对我们有长远的信心，二十年、三十年都不会去卖。两三年后就想套现获利的，那是投机者，我是不敢拿这种钱的。”马云之所以说“不敢拿”，并不是因为他害怕，而是因为他担心这样的投资会对公司的长远发展产生不良的影响。站在公司持续发展的角度上说，这种拒绝虽然对公司的短期运营有所影响，但是未来能够获得的红利是超出很多人想象的。

当投资方遗憾地对马云和彭蕾说出“你们错过了一个机会”时，他们也许不会想到，在十多年之后，阿里巴巴就已经跻身世界500强。所以说，并不是马云错过了一个机会，而是投资方错过了一个千载难逢的好机会。

试想一下，如果马云当初接受了投资方的条件，那就意味着他认可了投资方对阿里巴巴的定位，贬低了阿里巴巴的总价值。在这样的情况下，阿里巴巴的发展态势虽然难有定论，但是一定无法达到今天这种规模。

看看马云如今取得的巨大成就和阿里巴巴在世界范围内的深远影响，大家不得不承认，马云当初的决定是正确的，他的拒绝为阿里巴巴的发展做出了非常重要的贡献。在深陷困境的时刻，马云依然能够将目光放在长远的未来，而非鼠目寸光地接受一笔看似不得不接受的投资，这就已经能够彰显他的深谋远虑以及不凡格局。

在现实生活中，无论是选择投资还是选择合作伙伴，或是接受其他任何形式的帮助，盲目接受都是不可取的。越是到了你觉得已经山穷水尽，完全没有理由拒绝的地步，你越要进行清醒的思考。要知道，接受或许能解燃眉之急，帮你渡过难关，但是在这之后，你可能要面临更加漫长的“黑夜”煎熬。

遇到困难的时候，不要只看眼前，而要将目光放得稍微长远一点。你必须要相信，困难只是暂时的，它并不能说明你的人生注定失败，也不该是你无法拒绝的理由。无论如何，于短期有利，却于长期有害的建议，你都应该果断拒绝。

对于每个人来说，困境都不过是成功路上的一个小水坑，就算真的遇到一个大的水坑，也不必惊慌失措。所谓“山重水复疑无路，柳暗花明又一村”。当你觉得无路可走的时候，光明也许就在眼前。你得坚持这样的坚定信念：当下的拒绝，是为了未来更好的明天。有了这样的态度，再大的困难都不再是困难，再难拒绝的东西你都能对它说“不”。

## 利用声音环境，增强拒绝的表达效果

心理学家认为，声音会影响我们的意志。嘈杂的声音会让人感觉厌烦，而美妙的声音会让人沉迷。在厌烦与沉迷之中，人们的表达能力会有所下降。如果你想向对方表达拒绝，就应挑一个安静的环境，这样会让你在表达的时候情绪更加稳定。

在想要拒绝的时候，却把对方带到播放着有情调的音乐的咖啡厅，就会觉得很别扭。特别是情侣说分手的事情，在那种氛围中，拒绝的话语可能会更加难以说出口。有的人认为，曾经相爱，即是有缘，既然不爱了，就要好聚好散，给这段感情画上一个完美的句号，于是选择了播放着有情调的音乐的咖啡厅，作为告别的地方。

显然这种选择是有问题的。环境优雅，音乐柔和，这会使人的心变得柔软，并且能拉近彼此之间的心理距离。在内心如此柔软的情况下，你将如何斩断情丝，说出分手的话呢？请回忆一下和对方亲密时的情形：是不是听着柔美的音乐，逐渐缩短两个人之间的距离呢？

优雅、柔和而富有情调的音乐，会使一起聆听的人增加亲密感。因为它具有解除警戒心、不安或紧张的效果。我们在乘坐飞机时，通常在飞机起飞和降落的时候，都会播放一段柔和的音乐，其实也是为了安定人心，缓解乘客紧张的心情。人的心情放松，拒绝力也会减弱。

在心理催眠的过程中，催眠师通常会放一些轻音乐，就是为了缓解催眠对象的紧张，卸下其心防。我们听情感电台节目的时候，也会常听到那种柔和的背景音乐，在这种柔和情调的烘托下，电台主持人的声音变得非常好听，深入人心，结果不少电台主持人都成为人们心目中的“知心姐姐”“知心哥哥”。这是因为音乐能拉近我们与电台主持人之间的心理距离，让我们感到亲切。

在这种亲近感的作用下，你又如何表达拒绝呢？曾经就有这样的事情：两个情侣闹别扭，大声嚷嚷着要分手，结果在咖啡厅里，听着柔和的音乐，感受着温柔的心情，回想起过去的时光，两个人心中的怒火一下子就被浇灭了，顿时没了分手的念头。于是告别的话变成了致歉的话，两个人又和好如初。

在一些精品商店里面，同样会播放这样的轻音乐，目的就是软化顾客的心，特别是在一些婚纱摄影店，一些轻音乐让女性朋友顿时就有了嫁人的冲动，即便不可能立即嫁人，看着那些美丽的婚纱，也想拥有。

而另外一些商场，则不是播放柔和的轻音乐，而是播放大音量的激情澎湃的音乐，比如摇滚乐或爵士乐。这些充满激情的乐曲，会让人变得十分激动。在这种心境下，人们很容易出现冲动购买的行为，不想买的东西也买下来。

不过，在这种地方，肩靠肩说着绵绵情话的大概比较少，所以如果说分手的事情，这倒是很好的地方。但是你还是要小心一件事情：不要拒绝了情人，却无法拒绝商人。很多人经历分手的打击后，就会想要发泄，这个时候，充满激情的音乐会加强你发泄的心理，你可能会产生疯狂购物的行为。这可真是得失难料。

对拒绝效果产生影响的声音当然不止如此，说话的声音，也会在一定程度上影响拒绝的表达。高明的演讲者都非常善于运用自己的声音。透过声音，听众可以清楚地感受到其中的激情，并被激情感染：当演讲者激愤的时候，听众会激愤；当演讲者悲伤的时候，听众的心情也会沉重起来。

如果在拒绝的过程中，你遭遇到了这种说话高手，就要特别警惕，千万不要因为被对方的声音感染而失去自主能力，否则，你将无法拒绝。

除了声音的柔和程度会对人的拒绝表达产生影响外，声音传播的方向也会在一定程度上影响我们的拒绝表达。心理学家研究发现，来自脚底和头顶的声音会使人产生不安感。如果你对此理论有所怀疑，那么不妨亲身去感受一下。将音响放在地上播放音乐，你会发现音乐听起来更加震撼人心。为什么会这样呢？

脚能够帮助我们逃离现场，一旦腿脚受到攻击，就等于破坏了我们逃脱危险的工具，断绝了我们的后路；而头部是我们的中枢指挥系统，也是极为重要的地方，头部受到攻击会让我们失去对身体的控制。可能正是出于这样的原因，与水平方向传来的声音相比，人们对来自脚底和头顶的声音表现得更加敏感。

内心存在不稳定的情绪，意志力和自我控制的能力就会变弱，拒绝能力也会下降，冲动的行为会变得更加频繁。

综上所述，声音对心理的影响，可能严重影响我们的拒绝能力。基于此，我们应该有所把握，如果不能确定哪一种声音更加有利于我们，则最好选用没有声音的安静场所进行交谈，这样会更加有利于你的拒绝。

# 后记

postscript

## 为情分，更应当拒则拒

在很多人看来，拒绝别人是一件十分难办的事情。毕竟，如果不是万不得已，谁愿意低声下气地求人呢？既然求到自己这里，就要想方设法帮助对方，否则两人情分何在？

相信有如此想法的人不在少数，因为这个原因而无法拒绝的人亦大有人在。顾及情分并没有错，但倘若明明做不到的事情，也要因为情分而勉强应承下来，那么对双方都有百害而无一利。

求人者既然开口相求，自然是遇到了仅凭一己之力难以做到的事情。这些事情或困难，或紧急，总之都有一定的挑战性。除非被求者有远超求人者的能力，否则也很难在短时间内找到解决的办法。

被求者应承下这种事情，难免令自己平添压力，如果能够解决尚且好说，如果无法如预料中那样顺利，那么对自己的生活将会产生消极的影响。更有甚者，当此类事情不断增多，乃至于超出被求者的承受能力时，被求者恐将陷入恶性循环之中。

被求者面对的这一切，求人者往往并不知晓。毕竟愿意勉力应承下来的人，往往不愿让人看到自己无能为力的一面。于是，求人者看到的只有未能兑现的承诺或是未能完成的事情。一旦如此，求人者自然会对被求者发出质疑甚至责难，而被求者心中难免充满委屈。当双方发生争执的时候，情分便没有存在的空间了。

所以说，因情分而应承过多，有时不仅无法让双方情分更浓，反而可能让双方从此走向陌路。

如果是自己做不到的事，倒不如一开始就果断拒绝，只要被求者阐明立场，给出理由，相信求人者能够理解，而且对双方的情分不会有太大损伤。所以说，该拒绝时必须果断拒绝，这是为了延续情分，而非不顾彼此的情分。